CUESTIÓN DE IDENTIDAD

ALFONSO AGUILÓ

CUESTIÓN DE IDENTIDAD

Una propuesta cristiana para educar
en la familia y la escuela

EDICIONES RIALP
MADRID

© 2025 de Alfonso Aguiló
© 2025 *by* EDICIONES RIALP, S. A.,
Manuel Uribe 13-15 - 28033 Madrid
(www.rialp.com)

Preimpresión: produccioneditorial.com

ISBN (edición impresa): 978-84-321-7044-7
ISBN (edición digital): 978-84-321-7045-4
ISBN (edición bajo demanda): 978-84-321-7046-1
ISNI: 0000 0001 0725 313X
Depósito legal: M-7089-2025
Impreso en Anzos, S. L., Fuenlabrada (Madrid)

ÍNDICE

PRÓLOGO

HABLAR DE IDENTIDAD en la escuela católica es hablar de una herencia que no se impone, sino que se transmite; de una pertenencia que no encierra, sino que abre horizontes; de una convicción que no adiestra, sino que educa en la libertad. Sin embargo, en tiempos de cambios vertiginosos, la identidad parece a menudo una cuestión incómoda, un ancla que algunos consideran obstáculo para avanzar. La tentación de diluirla en discursos genéricos o de encerrarla en una defensa reactiva siempre está presente. Pero una identidad que renuncia a interrogarse está condenada a la irrelevancia, y una que se cierra sobre sí misma se convierte en un estéril ejercicio de nostalgia. En palabras del autor: «Si no nos ocupamos de reflexionar sobre nuestra identidad, tendremos la identidad que el contexto nos imponga».

En este nuevo libro, *Cuestión de identidad*, Alfonso Aguiló vuelve a alejarnos de la comodidad de las respuestas fáciles, y nos plantea con rigor y profundidad un tema esencial: ¿cómo se vive y se transmite hoy la identidad en la escuela católica? Más aún, ¿qué significa esa identidad en un mundo donde lo educativo está cada vez más polarizado, en una sociedad donde la fe se ve desplazada al ámbito de lo privado y en un contexto donde la escuela cristiana debe justificar su propia existencia ante modelos educativos que presumen de neutralidad?

Una identidad que se interroga

La identidad no es una estructura rígida ni un refugio inmutable. Se construye en diálogo con la realidad, en la tensión entre la fidelidad a su origen y la necesidad de responder a nuevos desafíos. No hay identidad sin memoria, sin raíces, sin una historia que nos precede y nos explica. Pero tampoco hay identidad sin proyección de futuro, sin creatividad, sin capacidad de leer los signos de los tiempos, porque «la escuela católica es una historia de creatividad».

En este sentido, la escuela de ideario cristiano no puede contentarse con repetir fórmulas del pasado ni con preservar su legado como quien cuida un museo. Su identidad no está en la simple conservación de unas formas, sino en la autenticidad de su misión. Y esa misión exige algo más que transmitir contenidos: requiere educar en la libertad y en la responsabilidad, formar personas capaces de sostener un pensamiento propio en un mundo que premia el conformismo, enseñando a habitar con sentido la complejidad del presente.

Una identidad que se encarna

La identidad tampoco se reduce a un ideario, ni a un conjunto de normas y valores abstractos. Se expresa, sobre todo, en la mirada con la que educa, en la pedagogía que propone, en la manera en que las comunidades educativas viven y transparentan el Evangelio. Una identidad encarnada es aquella que no solo enseña, sino que testimonia. Que no solo habla de justicia, sino que la practica. Que no solo proclama el amor, sino que lo hace experiencia cotidiana en todos los espacios educativos.

En una época de creciente fragmentación, donde la educación se concibe a menudo como una cuestión técnica y no como un proceso humanizador, la escuela cristiana tiene el desafío de seguir ofreciendo una propuesta integral. No se trata solo de transmitir conocimientos, sino de educar en una visión del mundo que reconozca la dignidad de la persona, que enseñe a vivir en comunidad, que forme ciudadanos capaces de comprometerse con la construcción de una sociedad más justa.

Una identidad que dialoga

En una sociedad plural, la identidad católica no puede entenderse como una barrera frente a los otros, sino como una contribución específica al bien común. No puede limitarse a defenderse de un entorno hostil, sino que debe aprender a dialogar con él, a ofrecer respuestas con humildad y valentía. Como señala el autor, en línea con el papa Francisco, la escuela cristiana no es un búnker protector, sino un espacio de encuentro donde se aprende a pensar, a discernir, a convivir con la diferencia sin renunciar a la verdad.

Este diálogo exige claridad y coherencia. No se trata de diluir el mensaje para hacerlo aceptable, sino de proponerlo con autenticidad y convicción. La escuela católica no puede perder de vista su misión evangelizadora, pero tampoco puede caer en la tentación de imponer su visión. Su tarea no es adoctrinar, sino formar personas que puedan encontrar sentido en la propuesta cristiana, que sean capaces de interrogarse, de cuestionar, de descubrir la fe como un camino de búsqueda y no como un corsé impuesto desde fuera.

Educar con propósito

La cuestión de la identidad no es un debate teórico, sino una urgencia práctica. En un mundo donde la superficialidad y el pragmatismo amenazan con vaciar de contenido la educación, la escuela cristiana está llamada a ser un espacio de profundidad y de sentido. Como repite Alfonso Aguiló a lo largo del libro, educar no es solo transmitir valores, sino ofrecer una propuesta de vida con propósito. Porque lo que realmente deja huella en los alumnos no es solo lo que se dice, sino el horizonte de sentido que se les ayuda a descubrir.

Cuestión de identidad no es un libro complaciente ni conformista. Nos interpela, nos invita a la reflexión y, sobre todo, nos llama a la acción. En sus páginas encontramos un análisis lúcido y comprometido sobre el papel de la escuela católica en la actualidad, una propuesta que no se resigna a la irrelevancia ni a la autocomplacencia, sino que busca caminos, desde «su estilo propio, su propósito y su misión», para seguir siendo luz en medio de la complejidad de nuestro tiempo.

Porque cuidar la identidad no es encerrarse en lo propio ni replegarse en la autodefensa. Es, antes que nada, asumir con responsabilidad la vocación de ser, en el mundo educativo, testigos de una esperanza que se siembra cada día en el aula, en el diálogo, en la vida compartida. Es atreverse a seguir educando con autenticidad, con coraje, con fe. No podemos menos que agradecer a Alfonso Aguiló su voz didáctica, cargada de profetismo, que cuestiona, impulsa y, sobre todo, anima.

Fr. Pedro José Huerta Nuño, osst
Secretario General de
Escuelas Católicas de España

I.
PROTAGONISTAS DE LA PROPIA
IDENTIDAD

Con lo que hacemos, ponemos en escena lo que somos

Identidad es ser reconocido. Cuando alguien se encuentra con nosotros, nos reconoce. Aunque haya pasado tiempo. Aunque estemos vestidos de distinta forma. Aunque estemos en otras circunstancias. Nos reconocen. Y les reconocemos. Y cuando vamos a un sitio que ha perdido su identidad…, se puede decir que no lo reconocemos.

La identidad es algo que se mantiene a lo largo de toda la vida, que se asienta en lo más profundo de nuestro ser, que nos hace significativos. Y la identidad no es contraria al cambio, ni a la creatividad, ni a la evolución o el crecimiento personal. John H. Newman decía que muchas veces hay que cambiar precisamente para continuar siendo uno mismo. Porque se mantiene nuestra identidad y nuestra misión, pero cambia nuestro entorno, y por eso, para responder a los retos de los cambios que plantea el transcurso del tiempo, también tenemos que cambiar nosotros. Eso no significa que todo cambio vaya a ser fiel a la propia identidad, y por eso con frecuencia nos preguntamos qué debemos mantener en nuestra vida y qué debemos cambiar, porque necesitamos saber qué cosas pertenecen a nuestra identidad y qué otras cosas son, en cambio, circunstanciales o transitorias, o incluso discordantes con nuestra identidad.

Por otro lado, la identidad es lo que somos... pero se manifiesta en lo que decimos y en lo que hacemos, y en lo que no decimos o no hacemos. Con todo eso, con las decisiones que tomamos, vamos poniendo en escena aquello que somos, vamos desarrollando nuestra identidad, vamos generando (o no) una unidad y una coherencia de vida.

Según lo que hagamos, construiremos nuestra propia identidad o simplemente iremos reflejando la de otros, mimetizándonos frente a lo que nos rodea. Según sea la calidad de nuestra reflexión sobre esta gran pregunta vital, tendremos una identidad propia... o tendremos en gran medida una identidad prestada. Y según acertemos más o menos en este discernimiento, seremos más protagonistas en el desarrollo de nuestra propia identidad... o nos quedaremos más en observadores (o incluso en víctimas) de cómo esa identidad se va formando en nosotros por simple reflejo irreflexivo de nuestro entorno.

LLEGAR A CONOCER A FONDO LO QUE REALMENTE PENSAMOS

La mayoría de las opiniones que tenemos (y que a su vez suelen condicionar bastante nuestras decisiones) son

18

opiniones prestadas, ideas que hemos escuchado a otros, que nos han sonado bien, respuestas que hemos considerado apropiadas a nuestro patrimonio cultural, o coherentes con nuestros colectivos de pertenencia, y eso nos ha hecho asumir esas ideas sin demasiada reflexión. Quizá no hemos tenido tiempo o interés en contrastar mucho esas opiniones, ni en examinarlas con un mayor sentido crítico. No las hemos sometido a debate con quienes tienen una convicción diferente y, por tanto, son opiniones que no sabemos si son nuestras o si son unas ideas que simplemente hemos asumido.

En cambio, cuando nos acostumbramos a cuestionar nuestras propias opiniones, y las contrastamos con otras diferentes, y nos mostramos abiertos a mejorar nuestra percepción sobre esos determinados asuntos, entonces nuestras opiniones van madurando, se van matizando, se van precisando, y a veces incluso pueden cambiar rotundamente. Todos tenemos experiencia de eso, y si tenemos demasiado poca experiencia de cambiar de opinión, entonces... quizá deberíamos preocuparnos un poco.

Las ideas verdaderamente propias suelen nacer al leer o escuchar ideas de otros. Cuando leemos y escuchamos fuentes diversas, y somos capaces de someter a debate nuestras ideas, y lo hacemos con apertura y ponderación, vamos vislumbrando poco a poco cuál es nuestra verdadera opinión sobre cada uno de esos temas. Y podría decirse que hasta entonces no sabíamos bien cuál era nuestra opinión, porque, simplemente, no habíamos pensado demasiado sobre eso.

Y es importante que las opiniones sean propias..., pero también es importante que sean acertadas. Igual que, por ejemplo, para elegir pareja es importante decidirlo por uno mismo con libertad, pero también es importante acertar en esa elección.

Para profundizar en nuestras propias opiniones, y que sean acertadas, es importante habituarse a reconocer la complejidad de las cosas. Quizá por ejemplo tenemos tendencia a simplificar las opiniones de otros para así refutarlas fácilmente. Pero si analizamos los asuntos con honestidad, enseguida vemos que no suele haber respuestas sencillas para problemas complejos. Los argumentos y las razones de los demás siempre tienen una lógica que nos debe interesar, tanto para entenderles mejor a ellos y a sus opiniones, como para fundamentar mejor las nuestras, o incluso para corregirlas. Por eso es tan recomendable tratar con personas de más cultura o inteligencia que nosotros, de modo que después de hablar con ellas terminemos insatisfechos de nuestras propias explicaciones, y con la idea de que tenemos que profundizar más.

Así, a medida que profundizamos en nuestros pensamientos, vamos construyendo opiniones cada vez más verdaderamente propias. Y según avanzamos en ese proceso, que dura toda la vida, avanzamos en la construcción de nuestra propia identidad, y logramos vivir una vida más nuestra, más personal, menos sujeta a estereotipos ajenos.

Eso es lo propio de cualquier persona que busque ser ella misma: que busque siempre lo mejor y lo más verdadero, que se resista a lo que podríamos llamar la «domesticación mediática» de las opiniones, esa servidumbre masiva que impide la elaboración interior de las propias convicciones en contraste correctivo con las ajenas. Cuando falta del hábito y el gusto por cultivar la propia opinión (mediante la conversación, la lectura y la instrucción) surge con facilidad ese opresivo tribalismo que llamamos polarización y que consiste en una ideología sectaria y cerril que invade tantos espacios de la vida común[1].

Esa permanente búsqueda debe ser algo natural en la familia y la escuela de inspiración cristiana. Porque todos tenemos una identidad que descubrir y que construir, porque si no nos ocupamos de reflexionar sobre nuestra identidad, tendremos la identidad que el contexto nos imponga. Y no se trata de buscar una originalidad en cada cosa que decimos o hacemos. Debe ser una búsqueda natural, sin caer en el mimetismo, pero tampoco en el otro extremo de la constante singularidad. Hay que observar qué sucede en nuestro entorno, y valorarlo, pero sin ampararnos demasiado en lo que hacen los demás, y tampoco estar siempre buscando cómo hacer algo diferente.

Todo esto es importante tanto para las personas como para las instituciones. Es preciso construir un relato propio de lo que somos y de lo que queremos ser. Una narrativa personal que salga un poco de las respuestas de serie, de las ideas previsibles, de las frases hechas, del vocabulario prefabricado o de los tópicos de siempre. Llegar a ser uno mismo no es una tarea sencilla ni obvia, pero es una tarea decisiva, apasionante, que nos llevará toda la vida.

---

[1] Cfr. Higinio Marín, *Agorafilia*, 2021, pp. 17-18.

LA IDENTIDAD NO ES UN LÍMITE, SINO UN IMPULSO A NUESTRA TRANSFORMACIÓN

Los procesos de innovación o de renovación, tanto en las personas como en las organizaciones, nacen de una lectura atenta del presente y, al tiempo, de una lectura igualmente atenta de nuestras raíces, porque no hay vivencia auténtica de la identidad sin una conexión con nuestra tradición y nuestra historia.

La identidad no debe verse como algo que nos limita, o que nos lleva a ser un poco conservadores. La identidad no puede percibirse como un problema, sino como la clave de la solución.

Por eso resulta interesante acudir a la historia de la educación y observar, por ejemplo, cómo fue al principio la percepción de la identidad cristiana de la escuela. La escuela cristiana, como institución, nació a partir de la reflexión de personas urgidas por las necesidades más profundas de la realidad de su momento histórico particular. Esa realidad de entonces demandaba de la escuela transmitir una visión cristiana de la vida. Respondía a una necesidad que no siempre era claramente percibida por los propios interesados o por la propia cultura del momento. Las diversas tradiciones escolares cristianas irrumpieron con fuerza en la sociedad porque supieron descubrir las insuficiencias más profundas de cada época. Hicieron escuelas diferentes a las que había hasta entonces, y tuvieron una extraordinaria acogida porque nacieron con un profundo sentido de servicio, de misión y de ayuda.

La escuela debe tener ese espíritu de entendimiento, de afecto, de acogida, de misericordia. No puede ser arrogante. Por eso la reflexión sobre la identidad de la escuela debe comenzar examinando cómo es nuestra mirada. Una mirada que responda a una observación cuidadosa del presente, no a una simple réplica o repetición de lo que hacen o hicieron otros.

La escuela de nuestro tiempo está en un claro proceso de transformación, en gran parte impulsada por los rápidos cambios sociales. Estamos urgidos por una fuerte demanda de adaptación e innovación, y nuestro gran reto es que los cambios que provocamos o que asumimos encuentren su arraigo y su sentido en nuestra identidad. Que no nos alejen de ella, sino que reciban de ella su mejor inspiración.

Podemos decir que la identidad de una escuela, su ideario, es un punto de partida, una invitación desde la que cada uno recorre su propio camino. Es un resumen del aporte honesto y plural que la institución se plantea hacer a la sociedad. Una síntesis que ayuda a definir la relación entre las personas. Una fuente de valor de la institución para que todos puedan sumar en una tarea conjunta de servicio. Un elemento clarificador que establece con transparencia los valores corporativos, que configura expectativas, que ofrece una orientación sobre cómo se van a afrontar las situaciones, cómo se desea movilizar a todos en una misión común en la que todos participan, cada uno con su personalidad propia.

El ideario es necesario para sostener la identidad en el transcurso del tiempo. No es un límite, sino una invitación. Es un faro que amplía la visión, no un freno que nos limita. Es inspirador. Es una luz que muestra lo que la institución desea realizar. Tiene que ser idealista en su formulación y realista en su aplicación. Es dinámico, porque no es solo un punto de llegada sino una visión de todo un recorrido en permanente desarrollo.

UN NUEVO ESCENARIO EN LA TRANSMISIÓN DEL CONOCIMIENTO

Estamos viviendo tiempos de cambio, que transforman la sociedad, las instituciones, el modo en que interactuamos entre nosotros, el modo de educar. Cambian los medios, cambian las personas a las que nos dirigimos, cambia la cultura, la sensibilidad, los intereses, las motivaciones.

Por ejemplo, hasta hace no mucho tiempo, lo habitual era que el principal acceso de los alumnos al conocimiento fuera a través de sus profesores y sus libros de texto, salvo quizá en los primeros cursos de la escuela en que podían acudir a la sabiduría de sus padres o de alguna enciclopedia. Hace tiempo que las cosas ya no son así. Resulta muy sencillo encontrar en los buscadores, o en la inteligencia artificial, explicaciones a cualquier asunto, tutoriales que detallan cómo hacer cualquier cosa, opiniones diferentes que apoyan o cuestionan lo que dice el profesor o el libro de texto. Y cada día surgen nuevos modelos de aprendizaje, nuevas plataformas o canales con infinidad de contenidos y nuevos modelos de gestión del saber.

Y a la misma velocidad, y con la misma facilidad y extensión con que se difunde todo ese gran flujo de información, se difunde también la desinformación, las *fake news*, el adoctrinamiento, los bulos y la tergiversación de la realidad.

Cuanta más información se recibe, más importante resulta la capacidad de analizarla críticamente, de contextualizar y valorar con rigor esa información, porque, de lo contrario, toda esa gran capacidad de acceder a ella puede malograrse por una igualmente grande capacidad de ser engañados o manipulados.

Y hay otro efecto más. Ante la facilidad para acceder a cantidades ingentes de conocimiento, se puede perder el interés por aprenderlo. O incluso, ante tantas opiniones contrapuestas, se puede perder el interés por saber qué tienen esas ideas de cierto o de falso, y caer en un relativismo demoledor.

Todo eso no significa que el papel del educador esté en declive. Quizá estamos precisamente ante lo contrario. Ahora le corresponde un papel mucho más propio y más genuino, una tarea de mayor alcance. Porque en el camino del aprendizaje, lo más relevante es la pasión por seguir aprendiendo siempre, la capacidad de pensar con rigor y analizar críticamente las cosas, y ahí el contacto humano es decisivo para buscar con optimismo nuevas ideas y nuevas soluciones.

Para todo eso, es vital la dinámica de la familia y del aula, pues la interacción que ahí se produce está muy vinculada al aprendizaje. Es preciso generar estrategias que movilicen la atención. Es decisivo que los alumnos sepan analizar, contrastar, contextualizar, crear. Que lo que aprendan les aporte valor y les haga mejores y más comprometidos. Ayudarles a pensar, en cada momento o situación, que caben soluciones diferentes, y que es esencial que busquemos las mejores.

El profesor debe realizar toda una tarea de personalización, tanto al adaptarse a la clase que tiene delante como al particularizar la atención a cada uno de sus alumnos.

Esto tiene una conexión inmediata con la identidad cristiana, que nos invita a ver a cada persona como portadora de una especial dignidad, propia de alguien creado por Dios. Esa visión cristiana refuerza la atención personal, que no es sólo una atención individualizada, sino que exige mostrar una consideración especial con cada uno. Exige adaptarse a la diversidad de ambientes, de personas, de estilos de aprendizaje, a las nuevas sensibilidades y a las nuevas metodologías y tecnologías. La mejor innovación es la que impulsa a cada uno (siguiendo la parábola evangélica) a hacer rendir sus propios talentos.

Siempre ha habido cambios a lo largo de la historia. Cuenta uno de los Diálogos de Platón que en Egipto hubo un dios que se llamaba Teut, que inventó los números, el cálculo, la geometría, la astronomía, el ajedrez... y también la escritura. Teut se presentaba ante el rey y le hablaba de lo que había inventado, y de lo conveniente que era extenderlo entre los egipcios. El rey le preguntaba por la utilidad de cada invención, y la aprobaba o rechazaba, dando sus razones en cada caso. Cuando hablaron del invento de la escritura, Teut explicó: «Esta invención hará a los egipcios más sabios; es un gran remedio contra la dificultad de retener en la memoria». El rey admitió lo ingenioso del invento, pero puso una objeción: «La escritura les hará menospreciar la memoria y, fiados en el auxilio de lo escrito, abandonarán el esmero en conservar los recuerdos. Y cuando vean que pueden aprender muchas cosas sin maestros, se tendrán ya por sabios, y en su mayor parte no serán más que ignorantes, y falsos sabios insoportables en el manejo de la vida».

Este antiguo relato muestra que nadie dudaba entonces, ni ahora, de que la invención de la escritura fuera un enorme avance. Pero Platón tenía miedo de que el fácil acceso a la lectura disminuyera el interés por tratar en directo con los maestros, con la gente sabia. Y quizá hoy tendría miedo, por ejemplo, de que el fácil acceso a la información disminuya el interés por acercarnos con profundidad a una lectura y una reflexión meditada y sabia. Por eso Tamus advertía a Teut sobre cuál es el verdadero problema: la arrogancia de creerse ya sabios y no acudir a la gente sabia. Quizá hoy nos advertiría sobre la arrogancia de creer que sabemos mucho cuando quizá aún hemos reflexionado bastante poco. Quizá necesitamos ejercitarnos más en la razón, en una lectura más reposada, en una conversación más profunda, en una mirada más atenta, en el esfuerzo por formarnos una opinión más propia y llegar a un pensamiento más riguroso y mejor fundamentado.

¿Necesitan ayuda o necesitan autonomía?

El señor de las moscas es una magnífica novela de William Golding. Cuenta la historia de un grupo de chicos ingleses que son los únicos supervivientes de un accidente aéreo. Se ven obligados a organizar su vida ellos solos en una pequeña isla desierta, sin ayuda de ningún adulto. Agrupados en torno a dos jefes, Ralph y Jack, pronto comprueban que convivir no es tarea sencilla. Aparecen los primeros conflictos, difíciles de resolver en aquella situación, y finalmente estalla la violencia, que desemboca en una guerra abierta entre ellos.

La historia de la difícil convivencia de estos jóvenes náufragos está salpicada de multitud detalles que muestran la importancia fundamental de ese aprendizaje y esos valores que la humanidad ha acumulado durante siglos y que transmite de una generación a otra mediante la educación. Frente a otras visiones más ingenuas sobre la bondad de los niños, Golding muestra la maldad que anida en el corazón humano, y apunta la necesidad de un rescate que ha de venirle desde fuera. Sin ayuda, sin formación, el ser humano se encuentra muy indefenso ante el empuje de sus malas inclinaciones. Es cierto que busca por naturaleza el bien, pero también es cierto que esa naturaleza está herida y que necesita muchos cuidados para funcionar correctamente.

Cualquier persona con un poco de experiencia de la vida sabe lo que es la maldad humana, ha visto ya muchas veces su feo rostro de inhumanidad. Golding desenmascara la simpleza roussoniana de la bondad natural del niño y su progresiva degradación por la maldad de la sociedad y de la cultura. Y cuestiona también el racionalismo arrogante del siglo XIX, que hizo a muchos confiar en que el progreso científico y económico traería consigo un progreso moral igual de veloz. Los que creían haber dado con la fórmula definitiva de la eficacia y el bienestar, pronto vieron que aquel optimismo era precipitado, que ese progreso no significa que las personas se entiendan mejor entre ellas, ni que haya más respeto mutuo, ni que vivan en paz. Y es que, en definitiva, por mucho avance económico o científico o social que se alcance, nunca será fácil educar moralmente a nadie.

La historia muestra numerosos testimonios bien elocuentes de hasta dónde puede llegar la maldad humana. Ni siquiera en sus noches más negras podía intuir hasta qué punto iba a degradarse y envilecerse. Pero quizá tampoco sabía cuánta fuerza permanece escondida en su interior, para vencer peligros y superar pruebas. Toda persona, para ser buena, o para mantenerse en el bien, necesita ayuda. Es cierto que al final la propia libertad es quien tiene la última palabra, pero sería ingenuo minusvalorar la influencia enorme que tiene la formación. Por eso, educar bien a los hijos en la familia, a los alumnos en la escuela o la universidad, o cualquier otra tarea relacionada con la formación de las nuevas generaciones, debería considerarse como uno de los empeños de más trascendencia y responsabilidad en cualquier sociedad inteligente que piense seriamente en su futuro.

Transmitir el progreso científico o económico es relativamente fácil, pero transmitir los progresos morales siempre será difícil, pues requieren su asimilación personal y su empleo práctico. Como decía Leonardo Polo, sin hábitos no hay educación, sólo se ilustra. Es imprescindible el empeño personal por adquirir esos hábitos. Y eso resultará costoso siempre, a toda persona y en cualquier lugar o época. Es un progreso personal que nos lleva la vida entera y del que depende en gran parte nuestro acierto en el vivir.

La mejora personal siempre supone un esfuerzo personal. No basta con acompañar la espontaneidad infantil o juvenil. Hace falta mucha ayuda para desarrollar todos esos deseos, hábitos y actitudes que hacen cada vez más humanas a las personas y así, a su vez, humanizan la sociedad. Esta novela de Golding nos pone frente a toda la maldad que puede despertarse en el interior de un niño. Nos impresiona la crueldad con que pueden llegar a resolver sus conflictos. Nos hace ver lo necesaria que es la educación en la apertura al encuentro con los otros. Porque, si cuidamos de lo nuestro, o lo de los nuestros, pero nos desentendemos o incluso maltratamos a los demás, esas dinámicas egoístas nos conducen hacia un mundo lleno de conflictos y completamente inhabitable.

La paz social depende precisamente del convencimiento de que no basta con pensar en el bien propio, o de la propia familia, o del propio grupo, sino que tenemos que ser capaces de entender que nos ha sido encomendado el bien de todos. Nuestra aportación al bien común puede ser pequeña o grande, pero es siempre importante. Las relaciones personales forman un entramado que configura la experiencia feliz de nuestro vivir en sociedad. Y esa preocupación por lo común es una garantía de convivencia colaborativa. Y ese entorno pacífico es precisamente lo que preserva nuestras bondades propias y las de los nuestros.

La disciplina y el desarrollo de la libertad

José Antonio Marina explica cómo «la madre enseña al niño a dirigir su atención. Muy pronto sigue sus indicaciones con la mirada. Después, le anima a buscar objetos, a juegos compartidos, en los que, cuando el niño se cansa, la madre retoma su atención, para enseñarle así la perseverancia en la acción. Más tarde, mediante la palabra, comienza a dar órdenes a su hijo, que el niño aprende a obedecer. Posteriormente, el niño comenzará a darse órdenes a sí mismo. Está poniendo los cimientos de la voluntad»[2].

Hay numerosos estudios que hablan de cómo el niño va adquiriendo las funciones ejecutivas durante los primeros años de vida. El niño aprende a autocontrolarse obedeciendo primero las órdenes de sus cuidadores. Después, mediante el desarrollo del habla interior, aprende a darse órdenes a sí mismo. Por eso necesita que le pongan límites, que le enseñan a distinguir lo que es bueno para él de lo que simplemente le apetece o le atrae.

Ha habido también autores, sobre todo en el pasado, que insistían en que no hay que imponer nada a los niños, porque sería hacer violencia a su libertad de vivir. Pero los malos efectos de una educación permisiva son demasiado evidentes. Cada vez parece más claro que el niño necesita cariño y ternura, pero también disciplina, esencial para crecer en autocontrol. Se saben amados cuando los padres se interesan por ellos y establecen normas de modo coherente y razonable, mediante una disciplina que busca el aprendizaje, no imposiciones autoritarias. Lo mismo sucede en la escuela, donde es habitual que valoren más a los profesores que son exigentes y saben organizar sus clases de modo claro, resuelto y seguro.

Obedeciendo, el niño aprende a obrar según normas que están por encima de sus impulsos. De ese modo, poco a poco, desarrolla hábitos que le ayudan a superar la

---

[2] José Antonio Marina, «Atención e impulsividad», 1 noviembre 2011, https://www.joseantoniomarina.net/articulos-en-prensa/atencion-e-impulsividad/

dictadura de sus estímulos espontáneos. Eso le humaniza cada vez más, porque, entre el estímulo primario y su respuesta, aparece por medio el desarrollo de la libertad humana. Y esa capacidad de decidir cómo reaccionamos es quizá lo que más nos distancia del mundo animal. Nos permite valorar en nuestra conciencia las incitaciones o apremios que percibimos, y con ello decidir cómo debemos responder ante ellos. Con la disciplina inicial, el niño va obedeciendo la voz de otro y, por ese camino, aprende después a obedecer a su propia voz interior. Así se acostumbra a dialogar consigo mismo y establecer poco a poco su propia disciplina, regida por los valores que va asumiendo y que le ayudarán a configurar su conciencia de un modo propio y personal. Una vida cada vez más libre de las respuestas primarias... y de las adicciones.

Los ciudadanos romanos que no podían pagar sus deudas quedaban reducidos a servidumbre como *adictus*, es decir, como personas que seguían siendo nominalmente libres pero sojuzgadas a su acreedor. Se entiende que el idioma haya desplazado el uso del término *adicto* hacia quienes han desarrollado una dependencia que reduce su autonomía. Todos sabemos que, si una persona no avanza lo suficiente en su propia maduración, se convertirá en una persona tiranizada por sus propios impulsos, esclava de ellos. Quedará a merced de sus adicciones. Y a merced también de quienes sepan manejarlo induciendo aquellos estímulos ante los que se muestra débil.

Dominar los propios impulsos permite a la persona dirigirse hacia lo que no le atrae o no le apetece, cuando comprende que le conviene hacer eso, para el propio bien o de otros. Por eso, aprender a vencerse en pequeñas cuestiones, en las que entendemos que debemos imponernos a nuestras apetencias del momento, es una forma de crecer como personas, de hacernos más dueños de nosotros mismos, porque comprendemos que es un modo de dirigir con más libertad la propia vida. Todo eso nos hace vivir una vida más nuestra, una vida que no es una respuesta semiautomática a lo que el entorno nos solicita o nos reclama. No puede imaginarse una vida humana sin asumir el dolor que siempre supone la renuncia a determinadas apetencias. Quien no es capaz de aceptar ese dolor, «rechaza la única purificación que nos convierte en adultos»[3].

Todo esto es decisivo en la educación en la familia y la escuela. Transmitir un ambiente de aprecio por la exigencia, el trabajo, la generosidad y la contención, todo eso es básico porque impulsa a las personas hacia una templanza que las hace más lúcidas, más aptas para entender las realidades del espíritu. Todos sabemos que para prestar atención a la generosidad hay que bajar un poco la música interior del egoísmo. Se trata de algo imprescindible para desarrollar la capacidad de asumir cosas difíciles y prepararse para las complejidades de la vida. El egoísmo es un gran lastre y es muy contraproducente. Por eso hemos de detectarlo y liberarnos de él, para así aflorar la versión más amable, generosa y valiente de vosotros mismos, y buscarlo como si no hubiera nada más importante.

Son grandes cuestiones humanas, que estaban ya muy estructuradas en el mundo clásico, y que son experiencias

---

[3] Joseph Ratzinger, Meeting de Rímini, 1990, https://www.clonline.org/es/actualidad/articulos/2023-02-10-una-compania-siempre-reformanda

comunes de cómo podemos vivir a la altura de nuestra dignidad humana. En algunos aspectos, quizá a veces son cuestiones «contraintuitivas», pues la templanza puede parecer difícil de entender en una sociedad desarrollada, que se afana en atender todos los deseos de las personas, pero también vemos que, en muchos ámbitos humanos, la templanza se entiende cada vez mejor, como por ejemplo a la hora de evitar las adicciones, o si pensamos en la necesidad del ejercicio físico o de someterse a una dieta para tener una buena figura o mejorar la salud.

A veces parece que hacer las cosas porque nos apetece es más digno que hacerlas porque es nuestro deber. Sin embargo, el concepto de deber es imprescindible para formar el carácter y para organizar la propia conducta conforme a un proyecto y unos valores, para disponer de un contrapeso frente a los impulsos o deseos primarios. Cada uno necesita saber cuáles son sus deberes, pero también necesita haber aprendido a ser capaz de obedecerse a sí mismo, para no vivir a remolque de sus apetencias.

Todos entendemos que, si centramos nuestra atención en lo material, en las propias apetencias, trataremos con menos consideración a las personas. Cuando falta disciplina en nuestra vida, y estamos absorbidos por los propios impulsos primarios, nos deslizamos entonces más fácilmente en una pendiente de antojos y dependencias que incitan al consumismo y perturban el equilibrio emocional. Cuando los niños o los adolescentes no han aprendido a dominar esos impulsos básicos, no terminan de alcanzar nunca la madurez de la vida adulta. Se produce un curioso fenómeno por el que los adolescentes parecen niños y los adultos parecen adolescentes. Por eso, la templanza resulta cada vez más necesaria, aunque, como decimos, pueda parecer a primera vista una propuesta contraintuitiva en una sociedad desarrollada.

La falta de laboriosidad y de constancia suele tener sus raíces en la falta de templanza desde los primeros años. La templanza, además, tiene una clara conexión con la capacidad de pensar en los demás, lo cual es un elemento decisivo para la identidad cristiana de una persona, una escuela o una familia. El mensaje cristiano es también en esto una enorme ayuda para salir del egocentrismo infantil y centrar la vida en los demás. Nuestra época sufre una cierta deriva individualista en la educación de los niños, a quienes se les ha hecho creerse un poco el ombligo del mundo, en contra de lo que debe ser una de las grandes tareas de la escuela: enseñar a cada alumno a superar su propio punto de vista en favor de la comprensión del mundo, de los demás y del bien común. Los niños vienen de casa sintiéndose demasiado especiales, acostumbrados a encontrar todo preparado para ellos, todo el camino hecho, y eso les limita mucho para transitar luego por el camino de las dificultades de la vida real.

Por eso, quizá uno de los fenómenos más significativos y preocupantes de nuestra época es la prolongación de la infancia. Esa infantilización se observa en el predominio de los sentimientos sobre la razón, así como en la fragilidad que se da por supuesta en los niños y jóvenes, en vez de presuponer la madurez propia de cada edad. Esa fragilidad proyectada les arrastra a umbrales cada vez más bajos de tolerancia a la tensión o la frustración. Es una actitud infantilizada que en muchos casos se fomenta, porque si tratas a los alumnos o a los hijos como demasiado vulnerables y frágiles, terminan por percibirse y por ser así, y con ello se impide el fortalecimiento que se adquiere de modo natural en el contraste con las dificultades y contingencias del mundo real. Esa narrativa hiperprotectora de la vulnerabilidad genera abundantes problemas psicológicos y sobre todo invita a manifestar síntomas de sufrimiento psicológico sobre cuestiones ordinarias que podrían superarse con normalidad.

ESFUERZO DIARIO POR MEJORAR

Hace casi veinticinco siglos, Aristóteles recomendaba una serie de directrices para la educación moral de los niños, pues de otro modo, decía, acaban convirtiéndose en seres rebeldes e incivilizados. Comparaba esa educación ética con el entrenamiento físico, y explicaba que igual que nos hacemos fuertes o diestros al ejercitarnos en cosas que requieren fuerza y destreza, también nos hacemos buenos al realizar acciones buenas.

Y hay otro paso más. Habituarse a un buen comportamiento nos hace ser buenos, y entonces, además, estamos en mejores condiciones de entender las ventajas y las razones de la bondad moral. Ese buen obrar moral sirve de entrenamiento para lograr el control sobre las inercias y malas inclinaciones de nuestra naturaleza y nos hace así más libres y capaces.

Como ha señalado Christina Hoff Sommers[4], estos principios morales fueron incuestionables durante siglos

---

[4] Christina Hoff Sommers, «How Moral Education Is Finding Its Way Back into America's Schools», https://www.hoover.org/sites/default/files/uploads/documents/0817929622_23.pdf

a lo largo de la historia de Occidente, hasta la entrada en escena del filósofo y pedagogo ilustrado Jean-Jacques Rousseau: «Cuando me imagino —escribía el pensador francés— a un niño de diez o doce años, sano, fuerte y bien desarrollado, sólo nacen en mí pensamientos agradables. Lo veo brillante, vehemente, vigoroso, despreocupado, absorto en el presente, regocijándose en su vitalidad. El único hábito que se le debería permitir adquirir es el no contraer ninguno, prepararlo para el reinado de la libertad y ejercicio de sus posibilidades...».

Rousseau consideraba la naturaleza del niño originariamente buena y libre de culpa. La educación debía proporcionar terreno donde florecer su innata buena naturaleza. La moral no debía venir de códigos externos ni ser impuesta socialmente, porque eso sería un asalto a su derecho a desarrollarse libremente. Bastaba con motivarle a poner en acción sus sentimientos generosos, para así sacar a flote su auténtica y benevolente naturaleza: «Un niño no puede jamás ser acusado de maldad, porque la mala acción depende de la mala intención y eso él no lo tendrá nunca».

Es cierto que las ideas de Rousseau contribuyeron a humanizar la educación en una época de excesiva rigidez y dureza, pero él mismo se quedaría asombrado de la permisividad que impera en nuestros días, debida en gran parte al enorme peso que sus ideas han tenido en la pedagogía actual.

¿Quién tenía razón, Aristóteles o Rousseau? La experiencia histórica y el sentido común se inclinan a favor de Aristóteles, pero es Rousseau quien más ha influido en el pensamiento de quienes dominan las modernas escuelas de educación. El progresismo educativo que heredó su pensamiento ha rehuido con frecuencia la importancia de cuestiones sencillas y fundamentales como el esfuerzo, la práctica repetida de actos buenos o la formación del carácter. El estilo ordenado y tradicional, con su exigencia continuada y su insistencia en las calificaciones, ha sido denigrado como vieja y agobiante moralidad. Celebrando la creatividad e innata bondad de los niños, se ha descuidado la responsabilidad ancestral de someterlos a disciplina, de entrenarlos en la práctica del bien y de acostumbrarlos a manejarse con responsabilidad.

Han sido muchos años de desregulación moral amparada en una lucha contra una tradición quizá un poco exagerada y sermoneante. Pero el eclipse de Aristóteles ha traído muchos problemas a nuestra época, entre los que destacan unos elevados niveles de fragilidad emocional y de fracaso escolar. Todo parece indicar que hemos tomado demasiado en serio a quienes pensaban ahorrarnos a todos, y en especial a las nuevas generaciones, el esfuerzo diario por ser buenas personas.

Recuperar ahora ese terreno perdido no es cuestión simplemente de leyes, ni de gasto público en educación, ni de añorar tiempos pasados, sino de retomar cuestiones que quizá habíamos desdeñado un poco. Y también en esto la inspiración cristiana ofrece un importante fundamento. Porque en ese esfuerzo diario por mejorar, unas veces nos moverán más las razones que podríamos llamar naturales y otras nos impulsarán más otros motivos más espirituales o trascendentes. Y los que somos creyentes valoramos mucho la ayuda de Dios a la hora de mejorar nosotros y ayudar a mejorar a los demás.

La identidad cristiana representa una inspiración decisiva en la función educadora de la familia y de la escuela. Una inspiración que es reflejo de una fe que hace cultura, que arraiga en escenarios muy diferentes, que nunca se limita a algo programado y que siempre deja espacio para nuevos avances. Una inspiración que fluye de modo natural, contribuyendo a formar una comunidad pública y abierta.

La escuela no puede tener un horizonte autorreferencial. Su misión no puede limitarse a ser una buena escuela, ni siquiera la mejor. No puede vivir para su propia autopreservación, sino para responder con valentía a los desafíos del presente y del futuro. Debe tener el coraje de salir de sí misma y comprometerse con la construcción de un mundo y un futuro mejor. Tiene que proponerse una misión de servicio que mire con ilusión el crecimiento de cada uno como persona, de quienes forman la comunidad educativa y de toda la sociedad a la que sirven. Sin ese sentido y esa misión, el esfuerzo de la escuela sería una rutina semejante al *Mito de Sísifo*, condenado por los dioses a subir eternamente una colina haciendo rodar una roca. Es verdad que vemos a muchos otros haciendo algo parecido, y que se puede competir con ellos por subir esa colina, desatando una especie de competitividad lúdica, pero no dejaría de ser una condena sin sentido y sin fin.

La escuela tampoco puede formar a las nuevas generaciones ignorando la actual desigualdad que hay en el mundo. Si el conocimiento es acogido como responsabilidad, nos hará salir de las propias seguridades para ser cristianos comprometidos con la justicia y con el servicio. Los títulos académicos no pueden ser considerados simplemente como una forma de «construir el bienestar personal, sino como un mandato para dedicarse a una sociedad más justa, una sociedad más inclusiva, más desarrollada»[5].

La fe no puede plantearse como una fortaleza rodeada de muros, que alza sus bastiones frente al mundo, sino como una apertura valiente que se fundamenta en el conocimiento y la cultura. Debemos buscar que la escuela, a través de su vida diaria, genere estilos de vida convincentes, que hagan creíble la fe, y que sean un fermento en la masa del mundo. Una escuela que piensa en el éxito académico, pero también en el cuidado, la convivencia, el bienestar físico y espiritual de todos. Una escuela que piensa en la excelencia, pero con la mirada en la excelencia de todos, también de los últimos. Una escuela que iguala en oportunidades a todos y que, al tiempo, educa de modo personal, uno a uno. Una escuela de la que todos salgan siendo maestros en humanidad, maestros en compasión, maestros en la cultura del encuentro, deseosos de poder compartir todo eso con quienes han recibido menos. Es conmovedor observar la escuela desde esta perspectiva, con la intención de restituir a su misión la dignidad que le corresponde, sin dejar que se abandone a las dinámicas del mercado.

La excelencia académica debe estar al servicio de los demás. Si todos salieran de la escuela muy preparados pero centrados en su egoísmo, estaríamos generando un

---

[5] Discurso del papa Francisco en su encuentro con jóvenes universitarios en la JMJ de Lisboa, 3 agosto 2023.

mundo inhóspito y deshumanizado. Si las personas no se centran en los demás, se centrarán en su propio interés y acabarán por ser personas dominantes y posesivas. Por eso no podemos separar la excelencia académica de la excelencia en la educación del carácter y de la excelencia en lo que podríamos llamar búsqueda de sentido y de identidad personal. Queremos que les vaya bien en los exámenes, pero sobre todo queremos que les vaya bien en la vida.

El mensaje cristiano está muy presente en nuestra cultura, y podemos encontrarlo en los valores más profundos de todos, incluso de quienes no tienen fe. Los que somos creyentes sabemos de la importancia de ese mensaje para fortalecer los valores que sustentan nuestra convivencia. Y sabemos también que todas las personas necesitamos vivir con un propósito y un sentido. Los creyentes lo vemos además como una búsqueda y un encuentro con el designio de Dios para nuestra vida, que nos reclama un deber de gratitud, de cuidar y mejorar todo lo que nos rodea, y por eso encontramos nuestro sentido contribuyendo a que los demás encuentren el suyo, y lo hacemos cuidando de nosotros, de los nuestros, y de todos los demás, del bien general, del bien de todo el mundo en que vivimos. Esa mirada amplia y abierta está en la misma entraña de la educación, que es la mejor muestra de cuidado y de servicio. Por eso, toda dedicación y compromiso con la educación contribuye de modo decisivo a nuestra propia realización personal.

II.
EDUCAR NO ES ADOCTRINAR

Educar no es que piensen como nosotros

A veces se escucha, como crítica a una determinada escuela, el hecho de que hayan salido de sus aulas personas con ideas bastante diferentes a las que allí se enseñaban. Si eso sucede de modo habitual, la crítica tendría bastante sentido y mostraría que algo no ha funcionado bien. Pero sería igualmente censurable si todos salieran de esa escuela pensando lo mismo en casi todo. Porque, en ese caso, cabría decir aquello de que «donde todo el mundo piensa igual, nadie piensa demasiado».

El éxito de la educación no es que todos acaben pensando lo mismo, o haciendo lo mismo, o creyendo en lo mismo. Si todos acaban pensando o creyendo o haciendo lo mismo, sería una buena muestra de que en esa escuela hay más adoctrinamiento que educación. Y como ha escrito José Víctor Orón[1], muchos libros sobre educación

---

[1] Para este epígrafe y el próximo, cfr. José Víctor Orón Semper, «Encuentro interprocesual», 2021, páginas 245-259.

43

del carácter suelen centrarse en el interés de inculcar hábitos operativos, introducir la moral en los diversos aspectos de la vida y cultivar el dominio de uno mismo. Todo eso está muy bien, pero conviene asegurar que no se hace como una simple imposición poco madurada. Esto es importante para distinguir entre educar y adoctrinar.

Es natural que el educador muestre su pensamiento acerca de cómo prefiere que se hagan las cosas, o que manifieste qué cuestiones considera importantes en la vida. Pero de alguna manera debe buscar que el educando (el alumno, el hijo) haga una valoración y un contraste entre su pensamiento personal y el que se le ofrece. Si habitualmente se le impone un pensamiento o un valor sin que el educando tenga el suyo presente para poder hacer un contraste, se está haciendo adoctrinamiento.

Por otro lado, si el educando desarrolla su pensamiento sin contrastarlo con el de los demás, se potenciará un estilo narcisista de ensimismamiento. El crecimiento personal requiere de un contraste de ideas y de valores, y para poder hacerlo son importantes las relaciones personales, que facilitan el ejercicio de contraponer el propio criterio y examinarlo con rigor. Un buen educador no necesita de modo habitual ir imponiendo sus propuestas. Si la propuesta es buena, ella se defenderá por sí misma. En ese sentido, podríamos incluso decir que, para enseñar a amar a Dios, sobre todo hay que saber presentar a Dios, pues entonces el otro será capaz de ver la bondad de lo presentado.

Además, presentar modelos perfectos de virtud no siempre es el mejor camino. Si el mensaje es «hay que ser como el modelo», parece que solo nos sirve el buen ejemplo perfecto, o que el objetivo de la educación es la imitación de modelos perfectos. Pero el educando sabe que el educador no es un modelo perfecto, porque todos tenemos defectos, que además ellos suelen conocer bastante bien. Por eso suele resultar mejor plantear la educación como un proceso cooperativo de crecimiento entre educador y educando. Ambos necesitan crecer como personas, y como personas diferentes que son. Al educar, cada uno debe ser quien es, no tanto como un modelo que imitar. Por ejemplo, para educar en la virtud de la compasión podemos mostrar la vida de santa Teresa de Calcuta, pero también podríamos presentar la vida de personas nada ejemplares y preguntarles qué es lo que esas vidas suscitan en su interior. Es interesante siempre remitir a la persona a su propia interioridad, porque así el educando se conoce mejor a sí mismo y se plantea la pregunta: «¿Por qué vibro de una forma concreta al conocer la actitud de este o aquel personaje?». «¿Qué me revela sobre mi interior eso que siento?».

Educar es ayudar a que alguien se eduque, igual que orientar es ayudar a que alguien se oriente. Educar es guiar a alguien para que recorra por sí mismo un camino que le eleve, le proporcione una fuerza y una madurez mayores. El educador no puede recorrer el camino por el alumno o el hijo, y la reflexión del educador no ahorra la reflexión del educando. Educar presupone percibir al otro como persona nos invita a respetar su autonomía y su libertad.

Valores, modelos y comportamientos

Todo esto es crucial para personalizar la educación. Hay muchas cosas comúnmente valoradas como positivas, como ayudar a la familia, ayudar al grupo, devolver favores, ser valiente, respetar la autoridad, repartir de forma justa los recursos, respetar la propiedad del otro, etc. ¿Quiere eso decir que, por ejemplo, la familia o el grupo o la autoridad son valores universales? El que lo sean o no, dependerá de la experiencia de familia, o de grupo, o de autoridad que cada uno haya vivido o esté viviendo. Si somos muchos los que afirmamos que la familia es un valor, será porque la vida nos ha permitido tener una experiencia gozosa de ella, pero eso no asegura que haya sido así para todo el mundo. Lo mismo podría decirse sobre la autoridad: hay personas que hemos tenido en general una buena experiencia sobre la autoridad, pero otros han tenido experiencias desastrosas y tienen una visión bastante diferente.

Siguiendo con el ejemplo de la familia, una madre que se evalúe a sí misma por ideales pensará en qué medida ella se parece a la madre ideal, siempre paciente, servicial, reconciliadora, etc. Y eso puede llegar a ser muy desalentador en la vida real. Por eso quizá es mejor no pensar tanto en esos modelos perfectos y cambiar la pregunta por esta otra: «¿Qué puedo hacer para mejorar la relación concreta con mi hijo concreto en esta situación concreta?». Para responder a esta pregunta, la madre irá definiendo poco a poco lo que sería la experiencia de lo posible en su caso particular. La experiencia de lo posible nos lleva a evaluar los escenarios posibles en ese momento concreto, y compararlos con las experiencias pasadas. Evaluar la experiencia posible implica identificar aquello que consideramos mejor, que no es tanto un bien abstracto, ni una norma, o un valor, o un principio, sino sobre todo el bien para esa persona concreta en ese escenario concreto.

Esto no es ser relativista, sino saber que las decisiones pueden ser distintas según las situaciones personales. De entre todas las virtudes, Aristóteles destacaba la prudencia. La persona prudente procura reflexionar, consultar y contrastar, hasta comprender lo mejor posible la complejidad de las cosas y así actuar a favor del crecimiento y el bien de todos. El rostro del otro se presenta ante nuestra mirada con una pregunta bien concreta: «¿Qué vas a hacer?». Tal pregunta no ofrece ningún espacio de neutralidad. No hay posibilidad de sustraerse a la respuesta. Solo nosotros podemos dar respuesta a esa pregunta concreta. Incluso no hace falta que el otro formule explícitamente la pregunta, porque su sola presencia nos interroga y su silencio nos cuestiona.

La educación de inspiración cristiana no se basa tanto en señalar estándares sociales y éticos, aunque evidentemente los hay, sino sobre todo en atender el reto de la convivencia diaria, sabiendo que es ahí donde se está jugando la formación en la responsabilidad. Esta forma cotidiana de entender la educación ética asegura, por un lado, que no se está adoctrinando al alumno conforme a unos estándares externos a su vida (que él quizá ni comprende ni valora), y, por otro lado, que se le está educando en las disposiciones personales que regirán su vida en el futuro.

Por eso, el arraigo de la educación ética cristiana no depende solo de la adquisición de unos comportamientos éticos concretos, sino sobre todo de ayudar a que la persona tenga en su interior unas disposiciones éticas que, obviamente, se concretarán en diversos comportamientos según el contexto en que estén. Lo que marcará los comportamientos éticos futuros del alumno o del hijo será su propia disposición o tendencia interior, aunque es evidente que también son necesarios unos hábitos positivos. Nuestra formación debe combinar ambas cosas. El adulto que decide aprovecharse de los demás suele ser el que, cuando era niño o joven, se aprovechaba de sus compañeros de juego o de estudio. El adulto que no sabe resolver conflictos, o que los afronta desde una perspectiva egoísta o deshonesta, o que no cumple sus obligaciones, suele ser aquel que, de niño o de joven, obraba así en la convivencia familiar o con sus amigos o compañeros de clase.

Lo decisivo no es tanto proponer comportamientos perfectos en escenarios hipotéticos futuros, sino sobre todo ayudar a cada uno a descubrir qué disposiciones tiene de hecho hoy y ahora. Y situarle ante la urgencia de posicionarse acertadamente ante el rostro concreto del otro con quien convive. Por eso es importante que el alumno, o el hijo, descubran cuáles son las tendencias o disposiciones interiores que ya están presentes en su vida diaria, y hablar sobre esos temas, para crecer en el autoconocimiento de su complejidad interior personal. Quienes no avanzan en ese conocimiento, difícilmente avanzan en la maduración de su propia responsabilidad, pues tenderán a echar a los demás la culpa de todo lo que les sucede. El texto bíblico del buen samaritano es elocuente en este sentido, porque muestra lo fácil que es encontrar razones para no atender al otro. Sin embargo, el que mira cara a cara, ese sabe que ninguna argumentación le libra de ser responsable de su propia respuesta.

La calidad de las relaciones personales conforma el carácter. Toda persona necesita unificar su vida en torno a una identidad propia, y la inspiración cristiana nos invita a hacerlo a través del agradecimiento y la reconciliación. Las dos cosas son importantes: el agradecimiento permite a la persona gestionar mejor las experiencias agradables, y la reconciliación permite gestionar mejor las desagradables.

Educar no es algo tan simple como canalizar la propia espontaneidad de cada uno. Ni es simplemente trasladar unos conocimientos o unos valores, o unas habilidades y unas competencias. La educación se fragua en un encuentro personal entre educador y educando, en el que esa relación hace que ambos crezcan como personas; una interacción en la que los desafíos internos o externos deben mantener a salvo la buena relación entre ellos; una relación en la que se reconoce el esfuerzo y el modo de proceder, no solo los resultados; una educación que ayuda a pensar mucho y bien, que invita a que su talento y sus vivencias les faciliten alcanzar opiniones propias y coherentes; una educación que no duda en referirse a su inspiración cristiana, que es una garantía segura acerca de los valores que mejorarán su vida y la de los demás; una educación que nos hace personas que no son de respuesta aprendida, sino personas de pensamiento riguroso, con capacidad de análisis, con sentido crítico y con opiniones y criterio propios.

Si al educar sabemos transmitir los valores que nos inspiran, nuestro testimonio hará que esos valores nuestros, junto con los valores que les transmitan otros, inspiren la vida de los alumnos o de los hijos, aunque siempre en proporciones e impacto diferentes en cada persona. Educar es, entre otras cosas, ayudar a cada uno a tomar las riendas de su propia vida, a ser protagonistas de una construcción reflexiva y responsable de su propio carácter, de su desarrollo emocional y de su carrera profesional y vital.

Impulsar el discernimiento personal

Todos tenemos deseos que nos atraen de modo espontáneo y natural. Todos tenemos una cierta insatisfacción, una búsqueda constante de felicidad. Sentimos la necesidad de un amor grande y sentimos tristeza por las propias limitaciones o incoherencias. Y educar tiene mucho que ver con la búsqueda de una sintonía de fondo entre nuestros deseos y nuestra identidad personal[2].

El evangelio nos ayuda a interpretar y guiar mejor nuestros deseos. Nos ayuda a discernir cuál es el deseo de Dios, que nos habla en medio de todo el gran conjunto de deseos que nos envuelven. La gestión de los deseos es importante para no vivir bajo la tensión de la obligación o la renuncia, o agobiado por el ansia de perfección o la desesperación por fallar, sino impulsado sobre todo por el gusto de hacer las cosas bien, por su atractivo natural, sin necesidad de recompensas especiales: nos basta la satisfacción de lo realizado, su intrínseca verdad, belleza y bondad, la alegría de creer eso de corazón. Por eso la persona virtuosa ha conectado sus gustos con la virtud, y se siente bien con un pequeño gesto de amabilidad, dedicando tiempo al otro, o con el perdón dado sin necesidad de pedirlo.

---

[2] Cfr. Amedeo Cencini, *Desde La Aurora Te Busco: Evangelizar la sensibilidad para aprender a discernir*, capítulos 7-9.

Ese anuncio del mensaje cristiano tiene que abrirse camino con ingenio y con naturalidad, sin exigir asentimiento. Quienes anunciamos el Evangelio sabemos que no contamos con ninguna garantía de éxito ni de aceptación social, y sabemos que tampoco debemos hacerlo buscando un logro personal. Debe ser una siembra desinteresada de la buena semilla, en todo lugar y circunstancias de la vida. Una siembra paciente y alegre, aunque la cosecha no sea la que esperábamos, porque sembrar la palabra de Dios es en sí mismo ya una satisfacción. Encontraremos a veces una cierta oposición por parte de la cultura imperante, pero no hay que exagerar, porque sabemos que esa semilla tiene mucho valor, y que siempre dará fruto, pero lo dará a su tiempo, normalmente no de forma inmediata, ni de un modo verificable ni programable, igual que sabemos también que muchas veces recogemos lo que otros sembraron.

Esa siembra debe ir acompañada de un constante discernimiento, porque en cada circunstancia se nos plantea un escenario distinto. En cada ocasión se presenta una diferente posibilidad de crecimiento, una oportunidad que no debemos perder, un desafío que reconocer y afrontar. Para ayudar en ese discernimiento, es crucial partir del deseo sincero de beneficiar al otro, renunciando a un posible afán de generar algún tipo de dependencia o sometimiento, y sin apremiar demasiado la incorporación al propio camino. La opción preferente por el otro es una buena garantía de discernimiento cristiano.

Para discernir bien entre los deseos, cada uno tenemos que observar qué sucede en nuestro interior. No basta con una conducta exterior aparentemente correcta, sino que debemos preguntarnos por las motivaciones que nos impulsan. No basta con ver qué hemos hecho, sino preguntarnos cómo lo hemos hecho y por qué. Pensar un poco sobre qué sentimos, por qué sentimos lo que sentimos, y qué tenemos que hacer con lo que sentimos. Si analizamos y trabajamos nuestros sentimientos, seguro que podremos educarlos mejor.

Estamos educando nuestros sentimientos cuando hacemos lo que pensamos que debemos hacer y ponderamos en nuestro corazón la satisfacción que sentimos. Hemos de actuar bien, pero también tenemos que buscar que ese bien nos atraiga, y que en cierta manera nos seduzca. No basta con actuar bien de modo habitual solo porque lo vemos como una exigencia que debe ser obedecida esforzadamente, o como un deber ingrato que nos autoimponemos, porque quedarse solo en eso es volver a esas viejas derivas intelectualistas o voluntaristas. Hay que discernir ateniendo siempre a la persona completa, a su inteligencia, voluntad y corazón.

Una sensibilidad bien formada no es una simple perfección moralista, sino reconocer la propia tendencia al mal, tener el valor de llamarlo por su nombre sin dramatismos, valorar su gravedad y proponerse mejorar. Ese deseo de crecimiento personal es un propósito que hacemos ante Dios, ante los demás y ante la propia vocación personal. Así se va formando el propio discernimiento, examinando nuestra vida ante nuestra propia conciencia, y examinando a su vez si nuestra conciencia está aprendiendo a reconocer la verdad y la belleza y la bondad. Examinando también si nuestra sensibilidad está aprendiendo a sentir y a juzgar correctamente, si somos capaces de educar y modelar qué nos atrae y qué nos disgusta, si somos capaces de reconocer los propios errores y corregirlos. Así es como se aprende a tomar con acierto las riendas de la propia vida.

El creyente bien formado siempre tiene una actitud de escucha y de reflexión. En la familia y la escuela aprendemos y enseñamos a obedecer, pero con el objetivo de que esa disciplina nos lleve finalmente a obedecer a la misión que vertebra nuestra vida, a escuchar la voz de Dios en cada situación que nos encontremos, ante los desafíos de los tiempos, ante quienes sufren, ante los propios límites, ante la enfermedad o ante la muerte, porque Dios tiene algo que decirnos a través de cada recodo de nuestra vida. No basta con evitar lo ilícito, tenemos que descubrir lo que espera Dios de nosotros y que será precisamente lo mejor para nuestro crecimiento personal.

Hay que educar ayudando a decidir en cada circunstancia lo que es mejor, sin acostumbrarse a esperar órdenes, sin fiarse tampoco simplemente del propio impulso, y sin reclamar a Dios una certeza total, que nunca tendremos. A través del ejercicio constante del discernimiento personal se adquiere una conciencia cada vez más sensible a lo que es bello y bueno, verdadero y justo: una voz interior en la que resuena el eco de la voz de Dios. Así el creyente podrá llegar a decir que está haciendo «lo que le gusta», o «lo que le da la gana», pero a partir de una sensibilidad bien educada, después de una evangelización de los propios gustos y del propio modo de sentir.

Este hábito de discernimiento es importante, porque estamos expuestos continuamente a la ambigüedad de la vida y de cada una de sus situaciones. ¿Cómo decidir qué es bueno y qué es malo en la acción práctica diaria, tantas veces llena de circunstancias tan complejas? Vemos que no siempre basta con aplicar reglas ya aprendidas. En el laberinto del pluralismo cultural que vivimos... ¿a quién debemos escuchar? ¿Cómo podemos enjuiciar bien sobre tantos problemas que se nos plantean? Cada persona debe interrogarse sobre lo que tiene en el corazón, ver qué ocupa el centro de su vida, dónde están y cuáles son sus intereses y sus deseos, hacia dónde se encaminan. Ahí es donde Dios acude al encuentro de cada persona y quiere encontrarse con cada uno. Un Dios que no abandona a quien ha cometido un error, que quiere ayudarle a tomar conciencia de lo que ha hecho, a entender de dónde ha surgido el impulso para actuar, qué sabor ha dejado en su corazón y de dónde procede ahora su deseo de salir de ese error.

¿IMPONER A OTROS NUESTROS VALORES O CRITERIOS MORALES?

Cuenta Timothy Dolan[3] que, después de la Segunda Guerra Mundial, el hospital *Queen of Heaven* de Kansas City decidió contratar médicos negros, formar médicos negros y admitir pacientes negros, es decir, dijeron que en sus hospitales no iba a haber segregación racial. El gobierno local se opuso y les amenazó con cerrar el hospital. El arzobispo Edwin O´Hara y las Hermanas de Maryknoll aceptaron el órdago: «Inténtenlo, atrévanse...». Finalmente, las autoridades civiles no se atrevieron a cerrarlo.

---

[3] John L. Allen, *Un pueblo de esperanza. Conversaciones con Timothy Dolan*, Palabra, 2015, p. 131.

54

Traigo aquí esta historia porque la escuela de inspiración cristiana afronta periódicamente cuestiones como esta. ¿Qué debemos decir a los alumnos y a las familias sobre cuestiones, como por ejemplo el aborto, las cuestiones de género o la eutanasia, si lo que la Iglesia propone no coincide con lo que dicen las leyes del país? Por eso he traído el ejemplo del hospital de Kansas en 1955. Cuando las leyes exigen cosas que consideramos injustas, o que van contra la propia conciencia, pueden darse situaciones bastante complejas.

En la mayoría de los casos cabe, sin mayor dificultad, una resistencia pasiva. Pero en otros casos será muy razonable oponerse con firmeza, como hicieron en aquella ocasión el arzobispo Edwin O'Hara y las Hermanas de Maryknoll oponiéndose a la segregación racial en los hospitales de Kansas. Aquello fue una muestra de valentía ante una ley injusta. Por eso, cuando unas leyes, o unos mandatos gubernamentales, se extralimitan… a veces lo razonable y lo ético puede ser oponerse, del modo que se considere más prudente y oportuno. Algunos dicen que no se puede decir a los niños nada que vaya contra la ley. Eso es correcto de modo general, pero, si aplicamos ese principio a comienzos del siglo xx nadie podría haber hablado del derecho al voto de la mujer, o sobre la lucha contra la segregación racial. O cien años antes, nadie podría haber hablado contra la esclavitud. Hoy, en determinados países, sigue habiendo leyes abiertamente contrarias a los derechos de la mujer, o a la protección social de los trabajadores, o a mil cosas más. Es evidente que en la escuela hay que hablar de estas cosas, y quizá es bueno para eso remitirse a la historia del reconocimiento paulatino de los derechos humanos.

En ocasiones hay que oponerse y hay que presentar batalla ante las leyes vigentes, porque la democracia precisamente se basa en que las leyes vigentes se pueden criticar, y gracias a eso se reforman y se mejoran.

Si la verdad fuera patrimonio de los que mandan o legislan, la verdad no sería más que la forma que toma el poder cuando este se vuelve indiscutible. En cambio, las víctimas de las injusticias saben bien que, a diferencia de lo que desean los poderosos y sus cómplices, la verdad existe y hasta se puede manifestar con bastante precisión a la hora de señalar una injusticia. Aunque el relativismo quisiera otorgar un poder ilimitado a las mayorías, o a lo que prefieren los que mandan, convirtiendo sus palabras casi en conjuros incuestionables, sabemos bien que cuando todo es discutible inevitablemente dejamos de discutir y empezamos a disputar, y deja de buscarse la verdad para sustituirla por el deseo de imponerse.

Hay que estar muy atento a la manipulación de las palabras, que son el espacio público por excelencia y un gran bien común. De ahí que la mentira, la manipulación histórica, educativa o informativa y la injusticia socaven el espacio de la convivencia y la degraden en combates partidistas. El totalitarismo identifica la verdad con la capacidad y el poder de hacer verdaderos sus intereses. En cambio, las palabras de los que sacan a la luz lo oculto, ya sea de las intrigas de los poderosos como hacen los periodistas o los jueces, o de los pliegues del corazón humano como hacen los poetas, o de los rincones del olvido como hacen los historiadores, se cuentan entre los primeros y principales servicios públicos. A los inocentes, los débiles e indefensos todavía les cabe alguna esperanza allí donde hay alguien que quiere atenerse a la verdad. La determinación de llamar a las cosas por su nombre, tan precisa y exactamente como sea posible, sigue siendo la forma más efectiva de ser original y, sobre todo, de ser capaz de no hablar solo por boca de otros y a su gusto, sino recreando el verdadero nombre de las cosas[4].

La cuestión clave es hasta qué punto en la escuela hay que plantear estas cosas que son en cierto modo controvertidas. Podemos traer otro ejemplo que comenta Timothy Dolan: «Si volvemos la vista atrás, y vemos la actitud de los obispos norteamericanos frente a la esclavitud, nos ponemos colorados: ahí fuimos cualquier cosa menos proféticos. Aparte de una o dos excepciones, no hubo ninguno en el siglo XIX que alzara la voz para decir: "Esto es intrínsecamente malo y debemos acabar con esto ya". La mayoría de los obispos consideraban que el asunto era demasiado controvertido y que, por tanto, lo mejor era no hablar de ello, que era preferible mantener la unidad interna y la cohesión dentro de la propia casa. Los obispos llegaron a escribir: "Dejamos este asunto en manos de quienes gobiernan este mundo". ¡Cómo si nosotros viviéramos en Marte, o algo así! Ahora vemos aquello con sonrojo, y así debe ser. Pero ahora, en el caso del aborto... (...) estamos hablando de una vida humana, un bebé inocente y desvalido que merece una completa protección por parte de la ley»[5].

---

[4] Cfr. Higinio Marín, *Agorafilia*, 2021, pp. 94-97.

[5] John L. Allen, *Un pueblo de esperanza. Conversaciones con Timothy Dolan*, Palabra, 2015, p. 143. Cfr. también https://catholickey.org/2019/03/21/how-kansas-city-pioneered-integrated-healthcare/

Quizá llevamos tiempo en que se pone demasiado el acento en evitar los temas controvertidos. Quizá ha llegado el momento de tratar esos temas con profundidad, con apertura, con respeto, procurando no herir a nadie, pero tratarlos, porque corremos el riesgo de estar repitiendo la tibia posición del siglo xix sobre la esclavitud, de la que ahora nos lamentamos.

Se podría objetar que en la escuela no todos los alumnos son católicos... Pero estamos hablando de cuestiones que pueden perfectamente entender los no católicos. Además, si la escuela tiene una identidad católica, todos deben saber que ahí se dirán determinadas cosas, siempre con respeto, pero también con claridad. Y volviendo al ejemplo de la esclavitud en el siglo xix, si los católicos debían haber sido más activos para oponerse a ese error, no es por una cuestión doctrinal de la Iglesia católica: la esclavitud no es mala porque vaya contra la doctrina de la Iglesia, sino que va contra la doctrina de la Iglesia porque es mala.

La Iglesia tiene unos posicionamientos claros en cuestiones como, por ejemplo, el aborto, la eutanasia, la inmigración o la ideología de género. Y lo dice, no solo a los católicos, sino a todos los que quieran escucharlo, porque considera que son cuestiones de derechos humanos, de derecho natural. Lo mismo hace la escuela de inspiración cristiana. No está tratando de imponer sus convicciones religiosas a quienes no profesan su religión. Si la Iglesia católica quisiera que la ley civil obligara a asistir a Misa los domingos, entonces sí estaría cayendo en ese error de imponer sus convicciones religiosas a quienes no son católicos, pero, como es natural, no se le ocurre pedir que la ley civil imponga eso ni siquiera a los católicos.

Hay qué respetar el derecho de la Iglesia, y de la escuela católica, para expresar su opinión sobre temas relacionados con los derechos humanos, como puede opinar cualquier persona o institución, igual que lo hizo, o lo debía haber hecho, en tiempos del debate sobre la esclavitud o la segregación racial. La Iglesia, por ejemplo, está en contra del robo, pero no solo porque vaya contra el séptimo mandamiento. Y si un católico, o un obispo, se manifiesta contra el robo, no está imponiendo sus convicciones católicas a los demás, sino que simplemente expresan su parecer acerca del respeto a la propiedad de los demás. No imponen a otros sus valores, simplemente entran en el debate social sobre los derechos y libertades de las personas.

En la situación actual, en la que, por ejemplo, hay una amplia mayoría social que aprueba el aborto, está claro que para que pueda llegar a haber una nueva ley más provida es preciso que haya antes una cultura más favorable a la vida. Nunca hay que dejar de promover esa cultura, y no se puede abandonar ese propósito ni dar la batalla por perdida. Basta pensar en otras batallas, como el sufragio femenino, el fin de la esclavitud o el fin de la segregación racial, que supusieron muchas décadas o incluso siglos de lucha, y al principio parecían empeños demasiado conflictivos y completamente inalcanzables. Por eso cabe pensar en avances graduales, en restricciones progresivas a esas leyes injustas, porque sabemos que nos queda bastante tiempo de vivir con una legislación así de imperfecta.

Es interesante volver con frecuencia a la comparación de lo que sucedió con la esclavitud. Había católicos que defendían la esclavitud y había católicos abolicionistas. Y entre los abolicionistas los había partidarios de un avance gradual, porque hacía falta mucho tiempo para cambiar la mentalidad esclavista... y eso se puede entender, aunque, visto ahora, nos produce un cierto bochorno, porque lo razonable habría sido decir: «No, esto no lo podemos aceptar y hay que cambiarlo cuanto antes, nos va a llevar un tiempo, porque hay una mayoría social que lo aprueba, pero esto es una lacra para nuestra nación, no nos podemos acostumbrar a vivir con esto». Y el ejemplo sirve para responder a esa vieja objeción de «¿quiénes somos nosotros para decir a otros lo que está bien o mal?». Si lo vemos en esos determinados casos, que son muy claros, como torturar a un niño o condenar a un inocente, es evidente que no es admisible hablar de la ética como algo en lo que cada uno pueda pensar lo que parezca.

Hoy, por ejemplo, resulta complicado hablar sobre género. Y hay que hacerlo con mucho cuidado, como lo hicieron por ejemplo los obispos escandinavos en 2023: «El signo de esta alianza, el arcoíris, ha sido reivindicado en nuestro tiempo como el símbolo de un movimiento político y cultural. Reconocemos todo aquello que es noble en las aspiraciones de este movimiento. En la medida en que hablen de la dignidad de todo ser humano y su anhelo de ser visto por lo que es, compartimos esas aspiraciones. La Iglesia condena toda forma de discriminación injusta, incluyendo aquellas basadas en el género u orientación afectiva. Discrepamos, en cambio, cuando este movimiento propone una visión de la naturaleza humana separada de la integridad corporal de la persona, como si el género físico fuera accidental. Y protestamos cuando se fuerza esa visión sobre los niños presentándola como una verdad probada y no como una hipótesis temeraria, y cuando se la impone a los menores como una pesada carga de autodeterminación para la que no están preparados. Resulta llamativo que una sociedad tan atenta al cuerpo, luego en la práctica lo trate con superficialidad al no considerarlo como un significante de identidad. Así, se presupone que la única identidad que cuenta es la que emana de la autopercepción subjetiva, la que surge a medida que nos vamos construyendo a nuestra imagen»[6].

¿INCULCAR PRINCIPIOS MORALES MEJORA LA CAPACIDAD DE JUZGAR RAZONADAMENTE?

Algunos dicen que inculcar principios morales es un modo de lavar el cerebro a los niños. Pero lavar el cerebro consiste en disminuir la capacidad para juzgar razonadamente. Y la enseñanza moral debe ser todo lo contrario. Hay que explicar las cosas con apertura, considerando las razones que unos y otros aportan a favor y en contra, facilitando que cada uno llegue en lo posible por sí mismo a discernir la mejor opción moral o ética. Por ejemplo, ayudar a los niños a desarrollar el hábito de decir la verdad, o jugar limpio, o respetar al diferente, no atenta contra su capacidad de tomar decisiones razonadas, sino al revés: los buenos hábitos morales refuerzan la capacidad de juzgar razonadamente.

Los padres y los profesores deben ayudar a sus hijos o a sus alumnos a darse cuenta de la gran herencia moral

---

[6] Conferentia episcopalis Scandiæ, «Carta Pastoral sobre la sexualidad humana», Cuaresma 2023: https://coramfratribus.com/wp-content/uploads/2023/03/NBK-Carta-Pastoral-Cuaresma-2023-ES.pdf

que contiene la propia cultura: en el derecho, en la literatura, las religiones y la filosofía. No todo ese caudal cultural será correcto ni coherente. Habrá cosas que asumir y cosas que rechazar. Y cosas endiabladamente complejas sobre las que hay que pensar mucho antes de pronunciarse. Pero está claro que la virtud se puede enseñar y que una educación moral eficaz apela tanto a las emociones como a la inteligencia y la voluntad. La mejor enseñanza de la moral es la que inspira y estimula a los hijos o los alumnos, haciéndoles ver con claridad que con su rectitud moral está también en juego su propio carácter, su identidad y su futuro.

No se trata de atarse siempre a las tradiciones, que suelen aportar un entorno de seguridades compartidas, pero tampoco conviene ir al extremo contrario de renegar de ellas sin la necesaria reflexión, porque es frecuente que las sociedades que reniegan con facilidad de sus convenciones sociales las sustituyan por nuevas ideologías poco meditadas.

Decía santo Tomás de Aquino que quienes no encuentran agrado en la virtud no podrán perseverar. Lo natural es que los hijos y los alumnos se sientan atraídos por la idea de ser personas virtuosas, y que por tanto quieran ser honrados, leales, actuar con justicia y generosidad. Cuando una persona joven ahonda en la idea de qué tipo de persona quiere llegar a ser, y cómo puede lograrlo, las cuestiones éticas se transforman en preguntas concretas y personales que son sumamente importantes.

Todo esto es sencillo cuando se habla de enseñanzas morales en los grandes temas generales, pero hay otros campos concretos que son bastante controvertidos. Y es cierto que hay cuestiones de la doctrina y la moral propuestas por la Iglesia católica que son un tanto difíciles para nuestra cultura actual. Esas cuestiones, ¿hay que abordarlas con rotundidad… o con empatía…? Quizá con las dos cosas. Si las cosas se dicen con empatía se puede llegar a ser muy claro. Y preferiblemente como una propuesta, no como una imposición.

Además, no creo que haya que centrarse en dilucidar si quienes disienten de esas cuestiones están fuera o dentro de la Iglesia. Porque esas personas que tienen dificultad para entender o vivir las enseñanzas de la Iglesia, quizá son las que más necesitan de ella. Hay que aprender a exponer esas cuestiones sin dejar herido a quien no quiere aceptarlas, y al tiempo mostrarlas como una opción y un ideal de vida atractivos.

¿Y no sería mejor ceder en esas cosas, o al menos no plantearlas en estos tiempos en que hay tanto rechazo en esos temas? Creo que siempre hace falta prudencia y sensatez a la hora de pensar qué temas conviene tratar y cómo tratarlos. Pero cuando se habla de diálogo y de empatía, no se trata de que todos cedan en sus convicciones hasta alcanzar un punto común descafeinado e insípido. Un diálogo verdadero y respetuoso es el que empieza con la clara comprensión de la verdad que uno lleva a la conversación. Lo que hace falta es que por ambas partes haya respeto y apertura, deseo de comprender mejor las ideas propias y las ajenas, y así el diálogo traerá un enriquecimiento mutuo.

El alcance misionero de la Iglesia, y su dimensión evangélica, nos lleva a ir tras la oveja perdida, a acercarnos a los críticos… pero sin dejar de transmitir el mensaje del Evangelio, que es de enorme respeto y consideración con el pecador, porque todos somos pecadores. Cuando los niños son pequeños y tienen menos capacidad crítica, es razonable que la familia o la escuela procuren preservarles del contacto con ideas morales contrarias a las que quieren transmitir. Hay que encontrar también en esto un equilibrio, porque conversar con personas que defienden cuestiones diferentes a las nuestras nos ayuda a madurar nuestras ideas y nuestros argumentos. Y también, gracias a esa cercanía personal, será más fácil encontrar puntos comunes que permitan un diálogo más fructífero. Si nos limitamos a criticar todo lo que hacen «los equivocados», no podremos quejarnos de que ellos hagan lo mismo con nosotros.

Hay personas que dicen que la escuela de inspiración cristiana debería suavizar un poco más su mensaje para que sea aceptable para más gente y así luego se pueda trabajar con ellos y que lo comprendan poco a poco. Otros piensan que eso sería aguar el mensaje hasta que sea aceptable por todos y así solo se consigue crear confusión, y que, en cambio, lo razonable es aspirar a que la gente comprenda el mensaje plenamente.

Las dos opciones tienen su lógica. Está claro que todos tienen que ser bienvenidos. ¿Pero bienvenidos a qué? Hay que ser claros a la hora de explicar a qué son bienvenidos y qué es esa escuela a la que vienen. Las dos cosas deben ir unidas. El atractivo de la escuela radica precisamente en el hecho de que, a veces, en medio de mucha confusión de valores, esa escuela defiende unos valores bien claros y concretos. En eso debemos ser firmes e incansables a la hora de preservar ese proyecto educativo al que todos son bienvenidos. Lo que cambia es dónde se pone el acento, en la bienvenida o en lo que se ofrece. Si por dar la bienvenida a todos tienes que dejar de ser lo que eres, será una mala solución. Pero si por insistir demasiado en lo que eres, la gente se siente rechazada, tampoco será una buena solución. Creo que las dos cosas son importantes y hay que manejar bien el timón para alcanzar un equilibrio adecuado.

Nuevamente traigo un ejemplo que cuenta Timothy Dolan, de cuando estaba en Milwaukee. Un día el Ku Klux Klan se manifestó frente a los juzgados, y al día siguiente un periodista le preguntó: «Arzobispo Dolan, si uno de estos miembros del Ku Klux Klan fuera mañana a la catedral y se acercara a comulgar, ¿le daría la comunión? Le contesté: No, no se la daría. Evidentemente, toda la opinión pública aplaudió aquello. Les pareció muy valiente. Pero si lo hubiera dicho sobre un líder abortista, les habría parecido mal»[7]. Una persona que no comulga con las ideas de la Iglesia católica no pinta nada acercándose a comulgar en una eucaristía católica: no hay que desairar a la gente, pero tampoco se puede ceder siempre, como si no se pudiera pedir un mínimo de coherencia para participar en un sacramento.

EN GUARDIA FRENTE A NUEVAS FORMAS DE ADOCTRINAMIENTO SOCIAL

Como ha escrito Ignacio Aréchaga[8], hubo un tiempo en que la sociedad compartía una creencia religiosa, y

---

[7] Cfr. John L. Allen, *Un pueblo de esperanza. Conversaciones con Timothy Dolan*, Palabra, 2015, p. 147.

[8] Ignacio Aréchaga, «La secularización de la blasfemia», 9-IX-2020, https://elsonar.aceprensa.com/la-secularizacion-de-la-blasfemia/

entonces la blasfemia se consideraba no solo como ofensa a Dios sino como ataque a una verdad común que vertebraba toda la sociedad. Ahora no hay una verdad religiosa común, pero sí vemos diversos colectivos sociales que atribuyen un carácter indiscutible a sus convicciones y denuncian como agresión blasfema cualquier intento de poner en duda esas ideas.

Es muy lícito que luchen por difundir sus ideas. Lo peligroso es que busquen el amparo legal para que el poder secular castigue al «blasfemo» que disiente de ellas. Y eso es lo que está ocurriendo en muchos casos. Vemos que en Occidente la libertad de expresión está cada vez más encorsetada por leyes y prácticas sociales que supuestamente protegen contra el llamado «discurso del odio». En teoría, el discurso del odio es incitar a la violencia o la hostilidad contra determinadas personas o grupos por motivos de raza, sexo, religión, orientación sexual... Pero vemos que, en bastantes casos, la etiqueta de discurso del odio se ha convertido en un fácil recurso para amedrentar y silenciar al que incurre en el grave pecado de criticar las ideas y las pretensiones de ciertos grupos de personas que se envuelven en la bandera de lo más sagrado de la sociedad y, como en los viejos tiempos de la inquisición, exigen el castigo del «blasfemo». El castigo puede llegar a la multa o la cárcel, según sea el rigor de las leyes antiblasfemia, pero lo más frecuente es que el culpable sea sometido a un tribunal mediático, acusado de discurso irreverente, y con bastante probabilidad acabe quemado en la hoguera de las redes sociales, cargado con el sambenito de «negacionista», «homófobo», «tránsfobo» o «supremacista», según los casos. Otras veces boicotean, descalifican y discriminan como elemento antisocial a quien no se amolda a las opiniones predominantes y tiene la osadía de decirlo. Y ya hemos visto no pocos casos de personas que por exponer sus opiniones han perdido su empleo, han sido tachadas de las listas de invitados presentables, o han sufrido un boicot en las aulas universitarias.

Hay una famosa viñeta de Mafalda que dice: «—¿Practicas algún deporte de riesgo? —Sí, a veces doy mi opinión». La educación debe incluir un desarrollo del sentido crítico, que permita profundizar en la realidad de las cosas y así poder dar nuestra opinión sin plegarnos ante quienes pretenden imponer las ideas dominantes. Al valorar cualquier propuesta, hemos de discernir si detrás de la argumentación racional que la acompaña hay otros intereses ocultos que pretenden manipularnos o engañarnos. La educación, tanto en la familia como en la escuela, no puede someterse siempre y apaciblemente a los dictados de la moda o de lo políticamente correcto.

Debemos estar en guardia frente al adoctrinamiento por parte de los poderes públicos o de las corrientes de pensamiento hegemónicas y, por supuesto, también en guardia para no incurrir nosotros mismos en comportamientos adoctrinadores.

Adoctrinar es proponer ideas queriendo que sean admitidas sin una reflexión personal y soslayando las posiciones críticas. Hay adoctrinamiento si desde los poderes públicos se quiere reducir el pluralismo educativo, tanto en el ideario de las escuelas como en los contenidos del currículum. Hay adoctrinamiento si las ideologías dominantes pretenden que las ciencias digan algo diferente a lo que su propio método les señala. Hay adoctrinamiento si se silencian las informaciones no oficiales sobre cualquier tema, o se ocultan posiciones contrarias relevantes o se hacen desaparecer los datos discrepantes. Hay adoctrinamiento cuando se impide la expresión o el pensamiento propio, cuando precisamente eso es lo que un educador debe promover.

Como decía Andrés Manjón[9], de cada alumno hemos de conseguir «que piense con su pensamiento, que quiera con su voluntad, que sienta con su corazón, que hable con su estilo y que obre en todo como quien es, con espontaneidad, con naturalidad, con carácter, no como un fonógrafo que repite ni como un mono que imita». Hay que procurar ampliar las fuentes de las que bebe el pensamiento infantil y juvenil, acudiendo a buscar la verdad más profunda de las cosas. Y todo ello, como señala José Antonio Ibáñez-Martín[10], sin caer en el error de «los que hablan de apertura mental y lo que desean es sustituir las ideas de los educandos por las que ellos quieren trasladarles». Queremos que los hijos y los alumnos sean autónomos. Y queremos que cada uno pueda llegar a ser autónomo gracias a nosotros, no a pesar de nosotros.

Educar con sentido crítico no significa educar en la desconfianza frente a lo que escuchan. Deben tener buenas razones para oponerse a quienes les quieren y les han

---

[9] Cfr. Andrés Manjón, https://bibliotecadigital.jcyl.es/i18n/catalogo_imagenes/grupo.cmd?path=10070749

[10] José Antonio Ibáñez-Martín, «La enseñanza de la filosofía y el cultivo de la inteligencia. Una segunda mirada al Sentido Crítico y al Adoctrinamiento», Revista Española de Pedagogía, 79 (278), 2021, pp. 33-50 https://doi.org/10.22550/REP79-1-2021-11, https://revistadepedagogia.org/

enseñado a ser quienes son, pero a veces deben contradecirnos, y parte importante de la educación consiste en ese difícil aprendizaje. No se trata de educar en la desconfianza, sino de educar en el pensamiento riguroso. Una vida intelectual demasiado basada en la desconfianza hace que el pensamiento siga el criterio de su propia capacidad de seducción o su originalidad, y entonces, las ideas se abrirán camino por su creatividad o su capacidad de deslumbrar, no por su validez real.

Junto a todo eso, es cierto que el educador ha de buscar, en sí mismo y en aquellos a quienes educa, el modo de desarrollar unas bases morales y afectivas que susciten un valiente amor a la verdad, un interés por el rigor en las informaciones que se manejan y el desarrollo lógico de las argumentaciones, además de un respeto exquisito por quienes mantienen ideas distintas de las propias y un alejamiento claro de la manipulación o la distorsión de la evidencia.

La infancia y la juventud son los momentos más apropiados para desarrollar la capacidad de pensar. Y también los mejores momentos para el cultivo inteligente de las emociones morales. Cuando una persona siente como propios determinados valores (como justicia, paz, libertad o solidaridad), y lo hace con un compromiso emocional, esos valores cobran un particular arraigo y son una guía para la acción que facilitará un comportamiento futuro acorde con esos valores y principios morales.

De ahí la importancia de que el educador sea un referente que haga pensar. No se trata de repetir muchas veces los mismos mensajes moralizantes, sino, mucho mejor, que pueda verse que los educadores somos personas que han sido transformadas por el encuentro con la fe y con la razón. Quizá una de las primeras muestras de una auténtica inspiración cristiana de la educación es el modo en que se usa la razón y se relaciona con la realidad. Necesitamos una fe que sea capaz de conectar con la realidad y transformarla. La fe ilumina tanto la razón como el afecto y la libertad con que entramos en contacto con la realidad; y a su vez, ese contacto con la realidad ilumina nuestra percepción de la fe y la hace vida.

Un modo de hacerlo son relatos de vidas o actuaciones dignas de inspiración. Invitar al educando a pensar cómo se sentiría en esas situaciones. Y debatir sobre dilemas morales de comportamiento cotidiano, o sobre los valores que atribuyen a sus compañeros o a otras personas. Todo eso les permite desarrollar su capacidad de análisis y de juicio moral, superar su egocentrismo y aprender a soportar la presión social o controlar su propia impulsividad.

Las biografías de santos han sido siempre una gran ayuda en este sentido. Basta recordar lo que sucedió a Íñigo de Loyola en 1521, cuando era capitán del ejército y durante una larga convalecencia cayó fortuitamente en sus manos un volumen de vidas de santos. Comenzó a leerlo para pasar el tiempo, pero poco a poco empezó a interesarse profundamente. Mientras leía las historias de los grandes santos, se decía: «Si esos hombres estaban hechos del mismo barro que yo, bien puedo yo hacer lo que ellos hicieron». Descubrió que aquellos relatos elevaban su ánimo y le inculcaban pensamientos nobles y buenos. Y aquellas lecturas cambiaron por completo su vida. La lectura ayuda a reflexionar en soledad y silencio. Permite apartar las capas acumuladas de distracción y discernir los designios de Dios para la propia vida.

La virtud siempre se ha relacionado con el perfeccionamiento y la mejora del ser humano, que está siempre en un proceso de desarrollo y de crecimiento personal, y en ese camino la virtud resulta fundamental. Pero, como ha señalado José Víctor Orón[11], cualquier educador sabe que mejorar los recursos o competencias personales (su voluntad, su empatía, su liderazgo) no asegura que esa persona vaya a usarlos para el bien y que por tanto puedan considerarse virtudes o crecimiento personal.

¿Cómo crece nuestro pensamiento, o nuestra voluntad? Una contestación primera sería: ejerciéndolo. Pero no por pensar más se piensa mejor, porque también se puede convertir en una obsesión o un ofuscamiento. Y no por actuar más se actúa mejor, porque se puede convertir en una hiperactividad o en una obstinación.

También podemos preguntarnos... ¿para qué ser perseverante? ¿Qué diferencia hay entre un perseverante y un obcecado? Ambas actitudes coinciden en ser constantes, superar dificultades y no arredrarse ante los problemas. Pero unos lo hacen con un sentido de servicio y otros por imponer su plan. Hay muchos obcecados que parecen perseverantes. O podemos recordar el ejemplo de san Pablo, que pasó de perseguidor a anunciador de Cristo: no cambió en sus capacidades, ya bien fortalecidas, sino que cambió su orientación y su sentido, porque sus esquemas

---

[11] José Víctor Orón, «Las virtudes no evitan los vicios», El Debate, 18 abril 2023, https://www.eldebate.com/educacion/20230416/virtudes-no-evitan-vicios_107875.html

se transformaron al encontrarse con Jesucristo, y ese encuentro personal cambió su forma de pensar y de querer, y transformó su obcecación en perseverancia.

Muchas veces se presenta la mejora personal como un simple autofortalecimiento, pero no podemos ignorar el para qué, el sentido y el propósito de ese autofortalecimiento, que siempre debe suponer abrirse a los demás, no puede quedarse en una propuesta ajena a para qué buscamos ese fortalecimiento.

¿Otros con menos fe pueden tener más rectitud?

Muchos padres y educadores están preocupados por la educación moral de sus hijos o sus alumnos. Ven que bastantes de sus actuales problemas tienen la raíz en una deficiente o insuficiente formación básica en las convicciones morales, criterios de conducta, valores o ideales de vida. Pero lo que más llama la atención es que bastantes de esos padres y educadores, aun considerándose buenos creyentes, cuentan poco con la fe a la hora de educar.

Es cierto que se puede tener una moral muy exigente sin creer en Dios. Y también es cierto que existen personas de gran rectitud moral que no son creyentes. Y es verdad que se pueden encontrar doctrinas éticas muy respetables que excluyen la fe. Pero no veo que ninguna de esas razones haga aconsejable que una persona, siendo creyente, eduque a sus hijos como si no tuviera fe, o que ignore la importancia que puede tener la religión en la educación moral de una persona.

De entrada, una ética sin Dios, basada sólo en el consenso social o en unas tradiciones culturales, ofrece menos garantías ante la evidente debilidad del ser humano o ante su capacidad de ser manipulado. Una referencia a Dios sirve (y la historia parece empeñada en demostrarlo) no sólo para justificar la existencia de normas de conducta que hay que observar, sino también para mover a las personas a observarlas. El creyente se dirige a Dios no sólo como legislador, sino también como alguien que valora nuestras acciones... un juez amable y cercano, pero que nos dice si nuestras acciones son buenas o malas, oportunas o inoportunas, proporcionadas o desproporcionadas. Porque una cosa es conocer la ley moral y otra cosa, bien diferente, es llegar a respetarla, y por eso, si Dios está presente (y sin pretender acomodarlo al propio capricho), será más fácil que respetemos esas leyes morales.

En cambio, cuando se prescinde voluntariamente de Dios, es fácil que el ser humano se desvíe hasta convertirse él mismo en la única instancia que decide lo que es bueno o malo, en función de sus propios intereses. ¿Por qué ayudar a una persona que difícilmente me podrá corresponder? ¿Por qué perdonar? ¿Por qué ser fiel a mi marido o mi mujer cuando es tan fácil no serlo? ¿Por qué no aceptar esa pequeña ganancia fácil? ¿Por qué arriesgarse a decir la verdad? ¿Por qué no dejar que sea otro quien pague las consecuencias de mi error?

Quien no admite que haya nadie superior a él que pueda juzgar sus acciones, se encuentra más indefenso ante la tentación de erigirse como juez y determinador supremo de lo bueno y lo malo. Eso no significa que el creyente obre siempre rectamente, ni que no se engañe nunca, pero al menos está menos expuesto a engañarse a sí mismo diciéndose que lo que le gusta es bueno y lo que no le gusta es malo. Sabe que tiene dentro una voz moral que, en determinado momento, le advertirá: basta, no sigas por ahí.

Es cierto que puede haber formas religiosas degeneradas y enfermas, que no elevan al ser humano, sino que lo alienan. Y también es cierto que religiones con una notable grandeza moral también pueden enfermar en algún trecho del camino. En la religión cristiana se han dado a veces desviaciones patológicas, y la historia recoge abundantes ejemplos de errores teológicos más o menos extendidos, que la autoridad de la Iglesia ha tenido que corregir. Ha habido ocasiones en las que la verdadera fe cristiana se ha mezclado con prácticas supersticiosas, o con el uso de la violencia, o con dialécticas equivocadas. O que se ha visto afectada por relajaciones morales de muy diverso tipo. Y también es obvio que no todos los cristianos han vivido siempre bien su fe, y que los creyentes son personas como los demás, unos mejores y otros peores, como sucede también con los no creyentes.

Pero, en todo caso, sin religión es más fácil dudar si vale la pena ser fiel a la ética. Sin religión es más fácil no ver claro por qué se han de mantener conductas que suponen sacrificios. Esto sucede más frecuentemente cuando esa moral laica se transmite de una generación a otra sin apenas reflexión. Como ha señalado Julián Marías, los que al principio sostuvieron esos principios laicos como elemento de un debate ideológico, tenían al menos el ardor y el idealismo de una causa que defendían con pasión. Pero, si esa moral se transmite a los más jóvenes, a los hijos, y después a los hijos de estos, sin ninguna vinculación a creencias religiosas, es fácil que ese idealismo quede en unas simples ideas sin un fundamento claro y, por tanto, pierdan vigor.

Hay ocasiones en que los motivos de conveniencia natural para obrar bien nos impulsan con gran fuerza. Pero hay otras ocasiones, y quizá no son pocas, en que esos motivos de conveniencia natural pierden peso en nuestra mente, por la razón que sea, y entonces son los motivos más trascendentes los que toman un mayor protagonismo y nos ayudan a actuar como debemos. Prescindir de unos o de otros es un error moral y un error educativo de gran alcance. Por eso, los padres creyentes deben dar importancia a la formación religiosa de sus hijos. No se debe excluir la religión del legado de la educación, como tampoco puede excluirse la literatura, el arte, la música o el deporte, por mucho que unos sean más partidarios de uno o de otro, o de ninguno.

Junto a eso, hay que contar con que el hecho de ser buenas personas, tener mucha fe, o muy buenos deseos, no asegura que lo hagamos todo bien, ni que tengamos siempre razón. Por eso debemos procurar aprender de todos, tengan o no tengan fe, nos parezcan más listos o menos que nosotros, porque de toda persona tendremos mucho que aprender.

¿MODELOS HUMANOS ANTES QUE MAESTROS?

Estamos hablando de la identidad cristiana, de cómo entender su sentido. Todo eso, ¿se transmite como una enseñanza, o es mejor que se inspire con el ejemplo?

El carácter, como el arte de pensar bien, o la virtud, o la fe, necesitan de una enseñanza, pero también necesitan del modelo humano y del testimonio personal. Junto a la sabiduría o el criterio, ha de ir el ejemplo. Y junto al ejemplo, la idea que lo inspira y la manera de llevar esa idea a la práctica. Porque toda persona experimenta con mayor o menor frecuencia un sentimiento de emulación ante un testimonio humano que se le presenta. Siempre hay momentos en que quedamos deslumbrados por un aspecto concreto de una persona concreta y, entonces, en mayor o menor medida, deseamos, al menos en ese aspecto, ser como esa persona. Y eso tiene una enorme importancia en la educación.

Todo hombre y toda mujer (y hoy quizá más que en otros tiempos) confía más en los testimonios humanos que en las enseñanzas. Cree más en la vida y en los hechos que en las teorías y las ideas. Reconocemos los valores sobre todo cuando los vemos hechos vida en personas concretas, en modelos humanos que nos inspiran. Necesitamos esos modelos, los buscamos, los observamos en conductas que nos atraen con una fuerza fascinante. Descubrimos en las personas reales lo que cada persona es y lo que nosotros podemos llegar a ser. Ante cualquier buen modelo humano se produce una corriente de empatía, una especie de contagio que nos atrae, un efecto con el que vamos descubriendo y descifrando nuestra propia identidad.

Por eso, el gran reto educativo no está solo en la elocuencia de las palabras (siendo muy importante), sino sobre todo en la elocuencia del discurso de las obras. Y eso es así también porque las cosas parecen menos difíciles, y más atractivas, cuando las vemos arraigadas en la vida en otros. Y por eso es también decisivo que quien está en una fase temprana de la formación de su carácter tenga ante sus ojos modelos humanos atractivos y logrados, que le faciliten adquirir criterios de estimación que respondan a principios bien asentados.

¿Y cómo debe ser el testimonio cristiano en la familia o la escuela? Hay sin duda muchas formas de vivirlo. Algunos prefieren un testimonio más visible y manifiesto. Otros prefieren un testimonio más discreto, más reconocible en lo que se hace que en lo que se dice. Unos piensan que debe ser un testimonio más centrado en el mensaje cristiano, y otros prefieren hacerlo impregnando oportuna y silenciosamente los valores cristianos en la cultura en que se vive. Son enfoques diferentes, quizá todos valiosos y compatibles. En todo caso, el mundo actual necesita del testimonio de vidas inspiradoras, que apunten sin miedo hacia Dios. Todos conocemos a muchos, que nos han influido profundamente, y quizá lo que falta es aprender a visualizarlos mejor.

Dar testimonio es transparentar con la vida lo que cada uno es y aquello en lo que cada uno cree. Ser firmes y valientes en plantar cara a lo que está mal. Ser tenaces en nuestro empeño por vivir conforme a unos valores y unos principios. Ser capaces de transmitir todo eso de modo que quien lo vea pueda intuir lo que hay detrás, aquello que nos mueve y nos sostiene. Ser capaces también de contarlo, de mostrarlo de forma natural, sin presunción y sin jactancia. Que nuestra vida apunte en una dirección que sirva de orientación a otros. Que quien siga nuestro rastro pueda descubrir hacia dónde conduce.

Si la gente joven mostrara poco interés la religión, deberíamos preguntarnos por la calidad de nuestro testimonio, que es lo que más mueve los corazones. Ya decía

Ignacio de Antioquía que «mejor es ser cristiano sin decirlo que proclamarlo sin serlo», y por eso, para mejorar la calidad de nuestro testimonio, quizá tenemos que sanar nuestros corazones de algunos juicios negativos, o de esos rencores aún no perdonados, o de esos prejuicios o desconfianzas injustas. Y todo ello dentro de una clara apuesta por los demás, con el deseo de aportar una luz reconocible en la forma de amar, de acoger, de afrontar el sufrimiento o la contrariedad, de vibrar con los afanes de otros, y reconocible en la forma de transmitir esa fe que inspira nuestra existencia y que nos hace ser personas (o instituciones) en las que la fe se ha convertido en una fuente profunda de inspiración natural.

Se podría objetar que el mundo real no es así de bonito. Que estamos hablando de algo ilusorio. Que hay que enseñar a abrirse camino en la vida real. Pero si una familia, un educador, o incluso una sociedad, presentara el mal como algo que habitualmente triunfa, o ensalzara figuras que simbolizan valores negativos, y los presentara como modelos atrayentes, luego no podríamos quejarnos si vemos a los jóvenes tan escasos de pautas morales. Es preciso estimular los sentimientos y valores positivos, porque, si no, luego nos quejamos sin razón. Como decía C. S. Lewis, a veces «extirpamos el órgano y exigimos la función. Hacemos hombres sin corazón y esperamos de ellos virtud e iniciativa. Nos reímos del honor y nos extrañamos de ver traidores entre nosotros. Castramos y exigimos a los castrados que sean fecundos»[12].

---

[12] C. S. Lewis, *La abolición del hombre*, Ediciones Encuentro, 1990, p. 29.

¿Eso significa que hay que evitar a toda costa el mal ejemplo? No es un tema sencillo, sobre todo porque también los propios educadores damos a veces mal ejemplo y por eso vamos a tratar esta cuestión con más detalle.

EL BUEN Y EL MAL EJEMPLO

Hay mucha literatura sobre los efectos que produce en el aula la presencia de otros compañeros diferentes, mejores o peores, y es interesante observar la diversidad de posibilidades en que se puede traducir esa influencia. Es algo que igualmente puede observarse en la vida familiar, en el trabajo, o entre vecinos o amigos.

El modelo más invocado a lo largo de siglos, curiosamente, es el de la *bad apple*, la «manzana podrida». El ejemplo clásico es un alumno indisciplinado que perjudica a sus compañeros y molesta al profesor, o que corrompe a otros con sus malas ideas o costumbres, o que desune a los demás malmetiendo a unos contra otros.

¿Cómo debe ser un ambiente para que las influencias sean positivas? Unos señalan como decisivo el hecho de que haya un entorno positivo general que sea homogéneo. Si se piensa en lo académico, aseguran que los estudiantes mejoran cuando están rodeados de otros con similares características. Según este modelo, los que tienen menor rendimiento se sienten más apoyados si están rodeados de estudiantes de su mismo nivel, y lo mismo sucede con los que tienen rendimientos más elevados.

Otros aseguran que es mejor un aula más heterogénea, donde la presencia de estudiantes con niveles diversos resulta positiva para unos y para otros. Otros consideran que la presencia de estudiantes brillantes es importante como referencia y estímulo para los demás. Y no faltan quienes aseguran lo contrario, y afirman que los estudiantes menos dotados se ven perjudicados por la presencia de compañeros que logran buenos resultados con poco esfuerzo, porque eso les lleva a comparaciones odiosas y desmotivadoras.

Ante las diversas interpretaciones sobre las dinámicas de influencia en el aula o fuera de ella, quizá todas tienen sus razones y sus objeciones, su cara y su cruz, su parte de verdad y su simplismo. Está muy bien, sin duda, educar en un ambiente cuidado, estimulante y positivo. Pero también hay que aprender a manejarse cuando el ambiente no es así, pues la educación debe preparar también para eso. Los hijos, o los alumnos, van a presenciar en su vida muchos malos ejemplos (quizá bastante antes de lo que creemos) y hay que prepararles también para eso. Podríamos decir, incluso, que ellos mismos harán muchas cosas mal, y deben haber aprendido a salir adelante a pesar de no haberse dado buen ejemplo a sí mismos.

Es triste que haya personas que corrompan a otras, es cierto. Pero esas personas siempre existirán, y hay que aprender a desenvolverse cuando eso sucede. Y también hay que pensar en que alguien tendrá que ocuparse de educar a esos que consideramos «manzanas podridas»: no vale, como regla general, optar por que los eduque otro. Además, hay que pensar que ese chico o esa chica que consideramos un mal ejemplo podría ser tu hijo o tu hija, y no te gustaría que la solución fuera el simple descarte. Los grupos homogéneos tienen su eficacia, pero también su falta de estímulo ante otros mejores, y su falta de preocupación por ayudar a los que van peor.

La escuela cristiana no puede centrarse demasiado en la protección. «La escuela convertida en un *búnker* que protege de los errores *de afuera*, es la expresión caricaturizada de esta tendencia. Esa imagen refleja de un modo estremecedor lo que experimentan muchísimos jóvenes al egresar de algunos establecimientos educativos: una insalvable inadecuación entre lo que les enseñaron y el mundo en el cual les toca vivir. Las propuestas religiosas y morales que recibieron no los han preparado para confrontarlas con un mundo que las ridiculiza, y no han aprendido formas de orar y de vivir la fe que puedan ser fácilmente sostenidas en medio del ritmo de esta sociedad. En realidad, una de las alegrías más grandes de un educador se produce cuando puede ver a un estudiante constituirse a sí mismo como una persona fuerte, integrada, protagonista y capaz de dar»[13].

Es importante el buen ejemplo, sin duda. Pero quizá es más importante entrenarse en aprender de los buenos ejemplos y también de los malos. A veces los malos ejemplos pueden llegar a resultarnos más útiles, cuando vemos a dónde conducen. Quizá esté ahí uno de los grandes retos de la educación. Porque no puede decirse que la educación ideal sea la que se desarrolla en un ambiente perfecto, libre de malos ejemplos (suponiendo que eso pueda lograrse). Tampoco nadie defendería como ideal educativo lo contrario, la exposición permanente al mal ejemplo. No es un tema sencillo ni obvio. Quizá por eso en educación es tan importante ayudar a distinguir

---

[13] Exhortación Apostólica Postsinodal *Christus Vivit*, 25.III.2019, n. 221.

el buen del mal ejemplo, sin clasificaciones demasiado simples, sabiendo formarse ideas cada vez más maduras y personales, mejor argumentadas, pues al final se trata de formar personas autónomas, que encuentren su propio camino descubriendo en las vidas de los demás, y en la propia, lo que desarrolla y lo que malogra su naturaleza.

El problema es que no siempre resulta fácil separar lo bueno de lo malo. Cabría recordar aquí de nuevo la parábola del trigo y la cizaña[14], pues quizá, queriendo arrancar la cizaña, se daña también al trigo. Las relaciones entre las personas están estrechamente entrelazadas, como las raíces de las plantas que crecen juntas en un campo. Algunos reclaman una escuela sin mal ejemplo. Y aunque es obvio que hay que evitar el mal ejemplo, también es cierto que si lo quisiéramos erradicar por completo allí no habría lugar para ninguno de nosotros, porque todos estamos lejos de la perfección. Los que acuden a la escuela buscando una escuela perfecta, habría que decirles que entonces no tendrían plaza, porque al entrar ellos la escuela dejaría de ser perfecta.

Un buen profesor siempre encuentra el modo de mostrar de vez en cuando que él también encuentra dificultad con algunas cosas, que hay cuestiones en la que se esfuerza por mejorar. Pueden ser cuestiones sencillas, como mejorar su letra en la pizarra, corregir pronto los exámenes, tener más paciencia, o no utilizar expresiones inconvenientes. Pero no tienen miedo en mostrar que ellos también hacen un esfuerzo y que, como piden a sus alumnos, ellos también se esfuerzan en aprender y en mejorar. Es

---

[14] Mateo 13, 24-30.

importante darse cuenta de que, nos guste o no, los adultos mostramos cada día cómo vivimos, qué pensamos, qué significa para nosotros todo nuestro entorno. Todos somos educadores, también los padres y los hermanos, también cuando no buscamos serlo, porque enseñamos nuestra cultura y nuestros valores a través de nosotros mismos con cada reflejo de nuestra vida.

La importancia de la literatura

El papa Francisco dedicó en 2024 una carta a la importancia de la literatura en el camino de la maduración personal[15]. El corazón siempre está buscando, y para un creyente que quiera sinceramente entrar en diálogo con la cultura de su tiempo, o con la vida de personas concretas, la literatura se hace indispensable. Una obra literaria es un texto vivo y siempre fecundo, capaz de volver a hablar de muchas maneras, de renovar y ampliar el propio universo personal.

La escuela debe despertar el interés por la literatura, porque fracasar en eso sería una forma de grave empobrecimiento intelectual y espiritual, y los alumnos se verían privados de un acceso privilegiado al corazón de la cultura humana. La Iglesia ha buscado siempre el encuentro con las diversas culturas en las que ha echado raíces, sin miedo a arriesgarse y a extraer de ellas lo mejor que ha encontrado. El contacto con diferentes estilos literarios nos permite profundizar en la «polifonía de la Revelación»,

---

[15] Carta del Santo Padre Francisco sobre el papel de la literatura en la formación, 4.VIII.2024.

sin reducirla o empobrecerla a las propias necesidades históricas o a las propias estructuras mentales. El cristianismo primitivo ya percibió la necesidad de una estrecha confrontación con la cultura clásica de la época, tanto por la argumentación como por los testimonios de vida. Gracias a todo ese discernimiento evangélico de la cultura, se puede reconocer la presencia del Espíritu en la multiforme realidad humana, es decir, es posible captar su semilla ya plantada en los acontecimientos, sensibilidades, deseos y tensiones profundas de los corazones y de los contextos sociales, culturales y espirituales.

El hábito de la lectura produce efectos muy positivos en la vida de la persona. Desarrolla su vocabulario y su inteligencia, su imaginación y su creatividad. Permite aprender a expresar mejor las propias ideas y sentimientos. Permite a los creyentes, y en particular de los responsables de la formación, aprender a «tocar» el corazón del ser humano contemporáneo para que se conmueva y se abra ante el anuncio del Evangelio. En este esfuerzo, la contribución que pueden ofrecer la literatura y la poesía es de un valor inigualable.

Más que el desafío del ateísmo, hoy se nos plantea el desafío de responder adecuadamente a la sed de Dios de mucha gente, para que no se apague acudiendo a propuestas alienantes. La crisis religiosa moderna es en gran parte una crisis de carencias emotivas. Hoy el problema de la fe no es tanto el de creer más o creer menos en las proposiciones doctrinales. Está más relacionado con la incapacidad de muchos para emocionarse ante Dios, ante su creación, ante los otros seres humanos. Se plantea aquí, por tanto, la tarea de sanar y enriquecer nuestra sensibilidad, desarrollar nuestro discernimiento personal y ganar en verdadera experiencia de vida.

El lector no es un simple destinatario de un mensaje edificante, sino una persona que se adentra en la vida de otros, en un terreno poco seguro, donde los confines entre salvación y perdición no están definidos y separados a priori. La literatura se vuelve así como un gimnasio en el que se entrena la mirada para buscar y explorar la verdad de las personas y de las situaciones como un profundo misterio que son. Leyendo un texto literario, nos ponemos en la condición de ver por los ojos de otros, ampliando una perspectiva que expande nuestra humanidad. De este modo, la imaginación nos permite identificarnos con el punto de vista, la condición y el sentimiento de los demás, sin la cual no existe la solidaridad ni se comparte, no hay compasión ni misericordia. Leyendo descubrimos que lo que sentimos no es sólo nuestro, descubrimos la diversidad maravillosa del ser humano. Nos acerca a la pluralidad de culturas y saberes con un lenguaje capaz de respetarlas y expresar su variedad, las hace inteligibles y compartidas.

Leyendo historias de otros nos volvemos más sensibles frente a las experiencias de los demás, salimos de nosotros mismos para entrar en lo profundo del interior de otros, podemos entender un poco más sus fatigas y deseos, vemos la realidad con sus ojos y finalmente somos sus compañeros de camino. Para salir de nosotros mismos necesitamos que ardan en nuestro corazón los sufrimientos y alegrías de los demás. Nos ayuda mucho a que nada humano nos sea indiferente.

Y al contemplar la violencia, la limitación o la fragilidad de los demás, tenemos la posibilidad de reflexionar mejor sobre la nuestra. La literatura educa nuestra mirada hacia la comprensión, la no simplificación y el no pretender controlar la realidad y la condición humana a través del juicio precipitado. La literatura nos hace reconocer el misterio del mundo y del ser humano, casi siempre imposible de reducir a categorías simples.

La literatura nos ayuda a un ejercicio libre y humilde de la propia racionalidad, nos acerca a un reconocimiento fecundo del pluralismo de los lenguajes humanos, permite ampliar la sensibilidad humana, la apertura espiritual necesaria para escuchar la voz de Dios a través de tantas voces. La literatura ayuda a destruir los ídolos de los lenguajes demasiado convencionales o autosuficientes, que a veces corren el riesgo de contaminar también nuestro propio discurso. La literatura pone en movimiento el lenguaje, lo libera y lo purifica, lo abre a mejores posibilidades expresivas, lo hace capaz de albergar la palabra de un Dios que busca ansiosamente hacerse presente en la palabra humana.

III.
HUMANISMO CRISTIANO
Y EDUCACIÓN

El terreno común del humanismo cristiano

El cristianismo, tanto en su desarrollo inicial como en su transcurso histórico posterior, ha tenido una gran relación natural con el humanismo, ese sentido natural de buscar aquello que perfecciona al ser humano[1]. Hubo un humanismo grecorromano, budista, confuciano... y todas esas culturas aportaron diferentes percepciones de lo que es la dignidad humana, de lo que se entiende por una vida digna, de lo que nos hace mejores personas. Y si lo observamos con atención, vemos que hay un gran terreno común entre todas esas culturas, con muchos valores que se comparten con esas diferentes visiones del humanismo.

---

[1] En este epígrafe se glosan algunas ideas de la sesión de Juan Luis Lorda sobre «Identidad cristiana de la educación», Madrid, 7.VII.2020, https://www.youtube.com/watch?v=w2lcXfJ2tTs

Además, el cristianismo ha tenido gran influencia en el mundo de las ideas y en todos los sistemas de pensamiento posteriores, y por ello toda la cultura occidental tiene impregnaciones y raíces cristianas. Por eso podemos hablar de un humanismo cristiano, que es el principal campo de conexión natural que tiene la identidad cristiana con las personas que no tienen fe, o que la han perdido, o que no tienen demasiado interés por ella. Se trata de algo fundamental para la educación, tanto en la familia como en la escuela, porque es un amplio espacio que compartimos con todos, que todos consideramos valioso y en el que todos podemos apoyarnos. Todos tenemos una experiencia general de aquello que nos hace mejores, y en ese terreno compartido, donde tanto podemos avanzar, encontramos una gran hermandad.

La educación tiene mucho que ver con esa sabiduría para vivir de acuerdo con la dignidad del ser humano. Es una sabiduría intuitiva, relacionada con el ideal humano de honradez y honestidad, de vida racional y de vida social, de virtud en sentido clásico. Una sabiduría relacionada también con el buen criterio, con la prudencia y la madurez, con tener un corazón y una cabeza bien amuebladas, que nos ayuden a amar lo que merece ser amado, y vemos que todo eso nos facilita ejercer bien la libertad.

Por ejemplo, el sentido de la justicia se adquiere sobre todo cuando uno es joven. Los niños tienen de modo natural un elevado aprecio por la justicia. Es algo que surge muy tempranamente, y que se fortalece y se desarrolla en gran manera con el ejemplo: viendo la vida de otros, viendo pedir perdón, viendo corregir las injusticias, viendo el trato y la consideración con los demás, viendo en clase que a nadie se le falta al respeto, ni alumno ni profesor, ni presente ni ausente. Es una regla moral muy antigua: no hagas a los demás lo que no quieras que te hagan a ti.

El humanismo cristiano también nos conecta con muchos saberes y con otros bienes humanos como la literatura, la música, el arte, con todo el mundo de las humanidades. También está relacionado con la afabilidad, con el buen trato personal, la cortesía, lo que siempre se ha considerado «buena educación». Los niños o los jóvenes lo aprenden de modo natural cuando ven que los adultos lo consideramos importante.

Todo ese empeño debe abrirnos rotundamente a los demás, y así hacernos descubrir la solidaridad, la preocupación por los menos favorecidos. Es algo que compartimos con lo mejor de todas las culturas a lo largo de la historia de la humanidad. Nos impulsa a contribuir con nuestro esfuerzo desde la familia y la escuela a mejorar el mundo en que vivimos, con un sentido de colaboración, procurando conectar con todo aquel que tenga buena voluntad, e incluso, si podemos, con quien no manifiesta tanto esa buena voluntad.

Esto es importante para que la crispación tantas veces reinante no nos contamine con un tono de combate innecesario. Hay demasiadas afirmaciones con poca reflexión detrás. Demasiadas declaraciones que buscan una adhesión poco meditada a favor o en contra. Hay demasiada afición a centrarse en lo que hacen mal los demás y poca capacidad de cuestionarse lo propio. Hay demasiados insultos y demasiado «forofismo». Demasiados titulares que luego no tienen nada detrás. Demasiadas opiniones que no aportan casi nada porque apenas van acompañadas de ninguna argumentación. Demasiada descalificación y demasiada doctrina que se presenta sin apenas fundamento, porque quizá no leemos y debatimos lo suficiente. Demasiada rotundidad sobre lo que no se sabe, o sobre lo que nos hemos informado poco. Necesitamos salir de ese bucle si hemos caído en él, y pensar con más rigor, ser personas con sabiduría, con moderación, con capacidad de escuchar, de situarse, de estar abiertos a aprender y a salir de las propias fijaciones. Como escribió John Henry Newman, «en este mundo no hay otra fuerza que el compromiso con la razón, ni otra libertad que sentirse cautivos de la verdad».

¿IDENTIDAD CRISTIANA... O LAICIDAD EN LA ESCUELA?

El emperador apóstata Juliano veía que los cristianos eran muy respetados y queridos por su asistencia a los pobres y enfermos y forasteros, a quienes el Imperio Romano ignoraba y descartaba. Le exasperaba que todas esas personas vulnerables no recibiesen ayuda de los paganos, mientras los odiados cristianos «alimentan a los suyos, y además también a los nuestros». Quiso por eso crear instituciones públicas de beneficencia para competir con los cristianos y atraerse el respeto de la sociedad, pero no logró su objetivo, seguramente porque detrás de estas obras no había algo semejante al amor cristiano que reconoce en cada persona una dignidad única.

Cuando se habla de identidad cristiana de la escuela, enseguida surgen voces que afirman que esa presencia de la fe es un riesgo de adoctrinamiento, y que sería mejor que la escuela fuera siempre laica, neutra, con esa laicidad que algunos presentan como «la religión de la libertad». Y quizá hacen bien en hablar de la laicidad como una religión civil, al estilo de lo que proponía Rousseau, es decir, una confesionalidad laica promovida por los poderes públicos con toda una serie de dogmas y mandatos propios.

Creo que todos estamos a favor de la pluralidad, de la libertad religiosa y de la tolerancia. Y por supuesto nos parece muy bien que haya muchas escuelas laicas, incluso que lo sean la mayoría. El problema viene cuando algunos plantean la laicidad de una forma dogmática e impositiva, con razonamientos extraordinariamente simples. Dicen que la opción religiosa es excluyente, que no quieren que haya división por cuestiones confesionales..., pues bien, lo resuelven muy fácil, todos debéis ser educados en una opción no religiosa, que es la religión laica, o sea, estáis obligados todos a seguir una religión, «la mía», «mi religión laica». No hay coherencia en esa argumentación, porque efectivamente es natural que el Estado sea aconfesional, y obviamente vivirán en su territorio muchas personas creyentes y muchas otras no creyentes, pero no se puede invocar la aconfesionalidad para discriminar desde la ley a las personas o a las escuelas por tener una religión o tener otra, igual que no puede ser discriminadas por no tener ninguna.

Algunos dicen que la laicidad es fundamental para la democracia y la libertad. Podríamos estar de acuerdo, según se entiendan esas afirmaciones, pero si se presenta la laicidad como una especie de religión superior que hay que imponer (y parece que así es para algunos), eso contradice la neutralidad del Estado en materia religiosa. Imponer una fe civil a todos mediante las leyes recuerda demasiado a esos antiguos regímenes políticos autoritarios que imponían una determinada religión oficial.

Además, las religiones laicas (y ha habido muchas en los últimos siglos) fácilmente derivan en extremos poco tolerantes, sobre todo porque caen precisamente en aquello que pretenden erradicar. Se erigen en una pretensión de terreno común, que pronto deriva en verdad única, en una idea de superioridad moral, y en poco tiempo se encuentran encastillados en lo que antes ellos achacaban a la religión: fanatismo, dogmatismo, censura y fuertes restricciones de la libertad y la pluralidad. Lo que empezó con una proclama sobre la capacidad de pensar y de decidir por uno mismo, sin paternalismos injustificados, acaba en una imposición paternalista desde el poder sobre qué se puede y se debe pensar.

Suelen decir que hay que separar ética pública y ética privada, política y religión, derecho y moral. Que en privado puedes creer lo que quieras, y puedes ponerte el traje de fiesta de la libertad de conciencia y la autonomía, pero que en público debes llevar el delantal de la ética pública. Hay en esto un sutil engaño porque, igual que nadie debe imponer a otros su religión, tampoco debemos aceptar que nos impongan una religión civil como la única verdadera. No debemos aceptarlo, ni para la persona individual ni para la identidad de la escuela. Queremos una sociedad en la que todos seamos libres, y precisamente por eso, no se puede admitir una laicidad de pensamiento único, que mira con sospecha a la religión cuando es fuente de inspiración para la escuela. Es mejor pensar en lo que muchos llaman «laicidad positiva», en la que el Estado procura colaborar con las diferentes confesiones religiosas.

Tampoco debemos confundir la tolerancia y el respeto a la conciencia con una ocultación de lo religioso. Si entendemos la tolerancia como reducir la educación solo a aquello en lo que todo el mundo está de acuerdo, o a lo que no molesta a nadie, terminaremos descafeinando y empobreciendo mucho cualquier proyecto educativo. Vemos que hay mucha tolerancia hacia numerosas manifestaciones públicas hostiles contra el sentimiento religioso y, al tiempo, bastante intolerancia contra la presencia de la religión. No debemos aceptar ese estilo de tolerancia unidireccional. Debemos buscar para la escuela un ambiente de respeto y de tolerancia hacia las ideas de los demás, pero reclamando siempre igual respeto con el proyecto educativo de las escuelas que las familias libremente han elegido.

A veces, apelar a la ley natural puede resultar para algunos un tanto conminatorio, incluso un obstáculo para el diálogo con los no creyentes. Por eso, para iniciar un diálogo más constructivo, muchas veces puede ser preferible hablar de otras cosas en las que se encuentra más fácilmente un espacio común. Como todos estamos en búsqueda de sentido para nuestras vidas, y todos sentimos un deber de servicio y de agradecimiento a los demás, ahí tenemos muchos caminos para descubrir juntos el sentido de una conciencia moral, que se extiende bondadosa y espontáneamente hacia los demás, porque los seres humanos nos reconocemos humanos precisamente cuando nos conmueven las necesidades de los demás.

La propuesta cristiana no es un refugio en sentimientos religiosos sin interés por ayudar a los demás. Tampoco es una promoción social vacía de significado religioso, pues eso sería querer para el ser humano menos de lo que Dios quiere darle. Nuestra propuesta invita a una dinámica de amor y de servicio, palabras que no molestan, que no imponen, que mueven a los otros a preguntarse cómo surge ese sentido que inspira y llena la vida[2].

UNA FE QUE HACE CULTURA

«La escuela es un lugar privilegiado para la promoción de la persona, y por esto la comunidad cristiana le ha dedicado gran atención, ya sea formando docentes y dirigentes, como también instituyendo escuelas propias, de todo tipo y grado. En este campo el Espíritu ha suscitado innumerables carismas y testimonios de santidad. Sin embargo, la escuela necesita una urgente autocrítica si vemos los resultados que deja la pastoral de muchas de ellas, una pastoral concentrada en la instrucción religiosa que a menudo es incapaz de provocar experiencias de fe perdurables»[3].

La educación católica es un espacio esencial para la evangelización de las nuevas generaciones. Es importante que el mensaje del Evangelio esté presente con toda su fuerza, y eso haga resonar en nuestro corazón y nuestra mente la llamada de quienes nos necesitan, empezado por quienes están con nosotros en el aula, en la familia o en el claustro de profesores.

---

[2] Papa Francisco, Carta Encíclica *Dilexit Nos*, 24 octubre 2024, nn. 205 y 210.

[3] Exhortación Apostólica Postsinodal *Christus Vivit*, 25.III.2019, nn. 221-222.

Se puede decir que la escuela es una institución cultural, y tenemos que ver si en esa cultura de la escuela están presentes valores como el compromiso, la rectitud, la honestidad y el servicio a los demás. La escuela escoge de la cultura imperante aquello que considera pertinente transmitir de modo sistemático a la siguiente generación. Hay que pensar con frecuencia qué selección hacemos, porque la escuela se mira en la cultura, pero también la transforma. La escuela escoge lo que considera más relevante para la vida: matemáticas, lengua, inglés… por eso tenemos que ver qué espacio damos también a los valores que componen nuestra identidad, y cómo los sistematizamos. Porque si la identidad cristiana no es una realidad suficientemente valorada en la escuela, apenas se transmitirá[4].

Debemos pensar, por ejemplo, en la transversalidad de nuestros compromisos con el medioambiente, con la igualdad, con el respeto y la convivencia, con el espíritu de colaboración, de ayuda, de cuidado. O con el sentido crítico y la capacidad de innovar. También es habitual ver que la innovación en la escuela suele partir de lo didáctico, que responde a una reflexión pedagógica… que conducirá finalmente a un modelo de persona. Pero la identidad quizá debe recorrer el camino inverso: partiendo del modelo de persona que queremos promover, hacer una reflexión pedagógica, y de ahí impulsar la innovación didáctica. Porque estamos muy condicionados por las demandas del mercado, las modas, las normativas, las

---

[4] En este epígrafe se glosan algunas ideas de la sesión de Javier Cortés, «Identidad de la escuela católica», Barcelona, 1.XII.2018, https:// www.youtube.com/watch?v=Kl5jAARRL90

exigencias de unos y otros… pero lo decisivo es el modelo de persona que proponemos, qué mundo queremos tener, e inspirarnos en eso para saber cómo educar, cómo tratar la psicología de cada uno, y de ahí llegar a los mejores modelos didácticos.

En el ámbito curricular, la identidad debe dar sentido a los contenidos, con un diálogo entre fe y cultura en cada materia. En cada asignatura aparecen numerosas ocasiones de mostrar cómo la fe se hace cultura. Ese diálogo está presente en la biología, la historia, las ciencias, las artes, la literatura. Ahí es donde más se juega la identidad de la escuela, no solo en rezar un avemaría al comienzo de la jornada (que es sin duda una buena idea).

Queremos que aprendan mucho, pero sin separar cultura y sentido. Queremos dar sentido a cada materia en un contexto de servicio de la persona y la sociedad. Queremos contribuir desde cada materia a una cosmovisión cristiana de la persona y el mundo. Queremos reflexionar y analizar críticamente las diferentes manipulaciones que desde diferentes intereses se ejercen sobre las dimensiones humanas de nuestra cultura. Queremos descubrir cómo el mensaje cristiano ilumina, purifica y da plenitud a cada una de esas áreas. Por ejemplo, en ciencias o en biología podemos hablar sobre el valor de la vida y el cuidado de la naturaleza, o quizá desmitificar la mentalidad cientificista. En geografía, podemos abordar cómo está el mundo y sus grandes problemas sociales. La historia y la literatura hablan constantemente de los grandes interrogantes humanos. La educación física puede ayudar a la aceptación del propio cuerpo y al respeto a los demás. Podemos inspirar la apertura a la trascendencia a partir de la creatividad y la estética. Podemos poner en práctica los valores cristianos al explicar los marcos de convivencia.

Son ejemplos relacionados con la actividad docente. Pero podemos pensar también en la acción educativa extracurricular, en cómo buscar un compromiso explícito con los valores cristianos en esos amplios espacios como las salidas escolares o las actividades extraescolares. Podemos ver cómo contribuyen a asentar los valores sociales, o los artísticos, o los relacionados con la naturaleza. Podemos ver cuál es la implicación de las familias, el enfoque de las tutorías grupales o personales, que pueden ser solo un seguimiento de la marcha académica, o puede ser una atención más global de la totalidad de la persona. Es verdad que el mercado es muy exigente, pero no debemos someternos en exceso al mercado, sino también incidir sobre él con propuestas que sean atractivas.

Y en cuanto al ámbito pastoral, quizá hay que pensar en una oferta mínima general, acompañada de una oferta voluntaria personalizada. Sabemos que evangelizamos una sociedad bastante secularizada, y por eso debemos evitar un lenguaje que se perciba como demasiado moralista, y quizá debemos dirigirnos más al espacio interior de cada uno, al gran espacio de entrada al corazón de cada persona. Quizá hay que pasar del discurso dogmático a la narración más testimonial e implicativa. De las muchas palabras a la mucha escucha, como sucedió con los discípulos de Emaús: caminar con ellos, escuchar mucho, hacer alguna pregunta… y, solo al final, hablar brevemente. Quizá tenemos que pasar del mensaje general a la personalización. De la acumulación de respuestas a la búsqueda de preguntas y el respeto al misterio de cada persona.

De las afirmaciones rotundas al respeto de la perplejidad y la duda. De la transmisión de ideas cerradas a la construcción compartida de las opiniones, sobre todo en las cuestiones más complejas.

Hoy se demanda religión. Puede verse por ejemplo en los porcentajes de familias que en España solicitan cada año esa asignatura (en torno al 60 %). Si lo que ofrecemos son solo valores... no sería extraño que las familias y los alumnos se sientan un tanto defraudados. Y en una escuela de identidad cristiana, si esa identidad no se manifiesta en otros ámbitos además de la clase de religión, se producirá quizá ese mismo desencanto.

Estamos viviendo un inesperado renacer de lo espiritual. Hay un desafío enorme, inédito. Nadie esperaba un siglo XXI tan sensible a lo espiritual. Debemos responder desde la escuela a ese gran reto y hacer una lectura inspiradora de nuestro presente: ahí está el relato que nos diferenciará y nos hará significativos.

Las grandes figuras de la historia de la educación cristiana supieron evangelizar la cultura. Los grandes fundadores de instituciones educativas, que han sido los grandes santos de la historia de la Iglesia de los últimos siglos, buscaban transmitir una visión cristiana de la vida. Estamos ahora en una sociedad bastante secularizada, que evangelizaremos sobre todo a través del testimonio personal y de la cultura.

La Iglesia siempre quiso crear para los jóvenes una serie de espacios para facilitar su desarrollo y su mejora cultural, con una disposición activa, no defensiva. Como ha señalado el papa Francisco, es importante «que no prevalezcan las muchas sirenas que hoy distraen de esa búsqueda. Ulises, para no rendirse al canto de las sirenas, que seducían a los marineros y los hacían estrellarse contra las rocas, se ató al árbol de la nave y tapó los oídos de sus compañeros de viaje. En cambio, Orfeo, para hacer frente al canto de las sirenas, hizo otra cosa: entonó una melodía más hermosa, que encantó a las sirenas. Esta es su gran tarea: responder a los estribillos paralizantes del consumismo cultural con opciones dinámicas y fuertes, con la investigación, el conocimiento y el compartir»[5].

UN PACTO EDUCATIVO GLOBAL

La iniciativa de «Reconstruir el Pacto Educativo Global» fue planteada por el papa Francisco en 2020, convencido de que la educación es la mejor manera de unir esfuerzos a nivel mundial para crear una alianza educativa amplia y formar personas que reconstruyan la sociedad con una humanidad más fraterna: «Conocemos el poder transformador de la educación: educar es apostar y dar al presente la esperanza que rompe los determinismos y fatalismos con los que el egoísmo de los fuertes, el conformismo de los débiles y la ideología de los utópicos quieren imponerse tantas veces como el único camino posible»[6].

---

[5] Papa Francisco, Discurso en el encuentro con los estudiantes y el mundo académico en Plaza San Domenico de Bolonia, 1 octubre 2017: AAS 109 (2017), 1115, http://www.vatican.va/content/francesco/es/speeches/2017/october/documents/papa-francesco_20171001_visitapastorale-bologna-mondoaccademico.html

[6] Mensaje del papa Francisco, 15 octubre 2020, https://www.vatican.va/content/francesco/es/messages/pont-messages/2020/documents/papa-francesco_20201015_videomessaggio-global-compact.html

El papa Francisco hizo entonces un llamamiento a los hombres y las mujeres de cultura, de ciencia y de deporte, a los artistas, a los que trabajan en los medios de comunicación, en todas partes del mundo, para que sean protagonistas y promotores del cambio, sin esperar a que sean los gobernantes quienes lo hagan. Convocaba a las instituciones educativas de todo el mundo, católicas y no católicas, públicas y privadas, de educación básica, media y superior, a unir esfuerzos para que, a través de la educación, podamos generar una verdadera transformación, que se planteó a través de diversos ejes de trabajo:

- Poner a la persona en el centro de todo proceso educativo.
- Escuchar a las jóvenes generaciones para construir un futuro de justicia y de paz.
- Promover la plena participación de la mujer.
- Responsabilizar a la familia como primera e indispensable educadora.
- Educar y educarnos en la acogida de quienes más lo necesitan.
- Renovar la economía y la política para que estén al servicio de toda la familia humana.
- Cuidar la casa común.

Es una permanente invitación para dialogar sobre el modo en el que estamos construyendo el futuro de la humanidad y sobre la necesidad de contar con el talento de todos, porque cada cambio requiere un camino educativo que haga madurar una nueva solidaridad universal y una sociedad más acogedora. Se trata de unir los esfuerzos por una alianza educativa amplia para formar personas maduras, capaces de superar fragmentaciones y contraposiciones y reconstruir el tejido de las relaciones por una humanidad más fraterna.

Identidad en una cultura del diálogo

Para hacer realidad toda esa fraternidad universal es necesaria una profunda reflexión sobre la identidad. «La identidad de la escuela católica para una cultura del diálogo» es el título de un documento de 2022 de la Santa Sede que insiste en que «no podemos construir una cultura del diálogo si no tenemos identidad»[7].

La identidad cristiana contribuye con su misión evangelizadora a la construcción de un mundo en el que todos se sientan, de alguna manera, hermanos. Por eso, su mensaje no se dirige solo a los creyentes, sino a toda persona, y busca así humanizar la sociedad. Hemos de concebir las escuelas no tanto como instituciones sino como «comunidades» que crean un ambiente escolar, animado por el espíritu de libertad y de caridad del Evangelio, que hace que la fe ilumine el conocimiento que van adquiriendo sobre el mundo, la vida y la persona. La escuela debe ser el primer ámbito, después de la familia, en el que cada uno tenga una experiencia positiva de relaciones sociales

---

[7] Este epígrafe glosa algunas ideas iniciales de la Instrucción de la Congregación para la Educación Católica, de 25 enero 2022 titulada «La identidad de la escuela católica para una cultura del diálogo», https://www.vatican.va/roman_curia/congregations/ccatheduc/documents/rc_con_ccatheduc_doc_20220125_istruzione-identita-scuola-cattolica_sp.html

y fraternales, como fundamento para ser capaces de construir una sociedad basada en la justicia y la solidaridad.

La identidad católica de la escuela permite proyectar una mirada diferente sobre toda la realidad y genera una identidad en constante renovación. El mensaje del Evangelio contiene al tiempo principios educativos, motivaciones interiores y metas que alcanzar. La razón entra en diálogo con la fe, que permite acceder también a verdades que trascienden las ciencias empíricas y racionales, y así puede responder mejor a las preguntas más profundas del alma humana. El aprendizaje de cada asignatura contribuye a la educación completa como persona, porque cada enseñanza contribuye a una sabiduría que está vinculada a unos valores y unas verdades que descubrir. Todo esto exige un ambiente caracterizado por la búsqueda de la verdad, en el que los educadores busquemos ser imagen, aunque siempre imperfecta, de las enseñanzas del Evangelio.

La identidad católica nos llama y nos empuja a ser escuelas abiertas a todos. La historia ha visto surgir la mayor parte de las instituciones educativas católicas como respuesta a diferentes necesidades en cada momento. Su historia se caracteriza por la acogida de alumnos de diferentes orígenes culturales y pertenencias religiosas. Eso requiere de una fidelidad valiente e innovadora al propio proyecto educativo, que se expresa a través de la capacidad de testimonio, de conocimiento y de diálogo con otras concepciones de la realidad.

Por otro lado, la educación católica suele vivir hoy con frecuencia en «tierra de misión». No pide la adhesión a la fe, pero su proyecto educativo facilita descubrir el misterio del propio ser y de la realidad que la rodea, hasta llegar al umbral de la fe. Luego, a quienes lo desean, se les ofrece cruzar ese umbral y profundizar en la experiencia religiosa. Y se abre a compartir su misión educativa con la parroquia, la diócesis, los movimientos eclesiales, con otras escuelas y con toda la sociedad.

Hay un *deber de mostrar claramente la identidad*, porque no se puede entablar un diálogo real sobre la base de la ambigüedad, o sacrificando la identidad para complacer al otro. Y esa identidad debe ir unida a una *valentía en el respeto a la pluralidad*, porque a quien es de otra cultura o religión no se le debe ver como a un oponente, sino que se le acoge como a un compañero de ruta, porque el bien de cada uno se encuentra y se busca en el bien de todos. Y también ha de haber una *sinceridad de intenciones en la misión*, porque todo esto no es una estrategia para lograr segundas intenciones, sino el camino de la verdad, que merece ser recorrido pacientemente.

Toda la comunidad escolar es responsable del proyecto educativo católico de la escuela, de modo que todos están llamados a reconocer, respetar y testimoniar su identidad católica. Los primeros responsables de la educación son los padres, que tienen el derecho y la obligación natural de educar a sus hijos. Pero, a medida que crecen, los alumnos se convierten cada vez más en los protagonistas de su propia educación, y por eso hay que responsabilizarlos para promover entre ellos una síntesis entre fe y cultura. Es importante que los padres cooperen estrechamente con los profesores, involucrándose en los procesos de participación que conciernen a la comunidad escolar y a sus hijos, participando en las reuniones o asociaciones de la escuela, de modo que así no sólo cumplen con su vocación educativa natural, sino que contribuyen con su fe personal al proyecto educativo, especialmente si se trata de una escuela católica.

Los profesores y el resto del personal tienen una especial responsabilidad en la educación, tanto por su propia capacidad docente como por su testimonio de su vida. Por eso, cuando son contratados, la escuela está obligada a informarles sobre esa identidad católica y sus implicaciones, así como a hablarles sobre su responsabilidad de promover y testimoniar dicha identidad. Han de destacar por su recto criterio e integridad de vida. Los que pertenecen a otras confesiones, o a ninguna, están obligados al menos a reconocer y respetar el carácter católico de la escuela. Y es obvio que la presencia significativa de un grupo de profesores católicos es importante para desarrollar la dimensión del proyecto educativo correspondiente a la identidad católica del centro escolar.

Los directivos han de promover el vínculo con toda la comunidad católica. La eclesialidad de la escuela está inscrita en el corazón mismo de su identidad, garantiza que la enseñanza y la educación estén fundadas en los principios de la fe. Por tanto, la dirección tiene el derecho y el deber de intervenir, siempre con medidas adecuadas y proporcionadas, cuando los profesores o los alumnos no cumplan con los criterios propios del proyecto educativo de la escuela.

Los desafíos actuales incrementan la urgencia de una escuela católica que siga presente en el espacio educativo público mostrando su propia identidad. Los poderes públicos deben responder al desafío de defender y promover los derechos y libertades de las familias y de la sociedad, sin limitar la plural iniciativa social. La Iglesia, por su parte, está llamada a aceptar los esfuerzos necesarios para participar en el debate público sobre educación, aun cuando desafíe la propia historia e identidad, así como a colaborar lealmente con todos sus protagonistas sociales. También será decisivo que las diferentes instituciones educativas católicas sepan aunar esfuerzos en un camino de comunión, dando prioridad a la misión eclesial común.

¿RELIGIÓN EN LA ESCUELA?

Algunos dicen que en la escuela solo debe estar lo que es común a todos, y que la religión no es común a todos. Pero lo ciertamente común a todos es tener una identidad, una formación moral, una tradición propia, un desarrollo de la libertad de conciencia… y para eso hay que reflexionar y ayudar al niño y al joven a confrontar lo que es su razón y su fe, para hacer contraste entre la realidad y su fe. Todas las personas tienen unas creencias, que pueden ser las de una confesión religiosa, o de otra, o de ninguna, pero en todo caso hay unas creencias que deben ser reflexionadas y contrastadas con la razón y la realidad, y ese sistema de creencias es una parte importante de la educación, y a eso se refiere la presencia de la religión en la escuela.

¿Por qué tiene que haber clase de religión? No es porque lo respalde una ley, si es que eso es así. Es ante todo por razones educativas. La fe debe estar en la escuela de muchas maneras, pero también a través de la clase de religión. La educación persigue el bien último de la persona, y eso debe estar en todas las asignaturas de todas las escuelas.

La capacidad de valorar a la persona y de afirmar su bien es un deseo de todos, pero la escuela de inspiración católica lo plantea de modo central, con la certeza de que existe ese bien para ella y que se puede luchar por ese bien. Algunos transmiten sus valores solapadamente, pero la escuela católica lo debe hacer de modo claro y transparente, también a través de la clase de religión. Plantea procesos de aprendizaje llenos de certezas y de racionalidad y de capacidad de respuesta respecto a los grandes desafíos de la vida, como el sufrimiento, el amor, el mal o la muerte. Desde la fe se puede iluminar toda la realidad con una gran capacidad de proyección cultural. Y son cuestiones complejas, que no son evidentes, sino certezas que permiten encontrar ese bien dentro de una fe. No hay que golpear a nadie con esas ideas, sino exponer ese modo de entender las cosas.

La concepción cristiana es lo que hace cristiana a la escuela. Y debe ser explícita. Es una identidad que genera una capacidad de afirmación del bien, de razonabilidad, una capacidad de respuesta para tratar cualquier tema, en la clase de religión o en cualquier otra asignatura. Para cualquier tema hay respuestas desde la fe. Las personas, solo con el esfuerzo de nuestra inteligencia, no podemos afrontar con acierto todas las cuestiones, porque muchas de esas cuestiones son dificultosas y es fácil equivocarse. La religión ofrece una serie de respuestas, que están abiertas a todos. La teología es razonar sobre Dios, y es una ciencia donde se exponen los argumentos con rigor. Hace falta una reflexión sincera, sin cometer abuso de autoridad, sin adoctrinar.

La escuela católica es una historia de creatividad. La pedagogía se ha desarrollado en gran parte por la experiencia práctica de los grandes santos, que han hecho importantes aportaciones al modo de entender a la persona. Hace falta comprender cómo la fe determina los rasgos fundamentales de una escuela. Cuando se habla de identidad hay que pensar en la historia. Ha habido momentos concretos en que una determinada persona de la Iglesia ha percibido una necesidad clara y se ha lanzado a atenderla cuando nadie lo hacía: a los niños pobres, a las niñas, a los abandonados, a los que viven con una discapacidad... Hay muchas realidades que han sido iluminadas desde la fe, desde una nueva mirada sobre la persona que es capaz de poner en el centro su verdadero bien. Hay caminos y pedagogías con los que se ha aprendido a trabajar en la escuela para el bien de la persona y del mundo, y eso es lo que han hecho los grandes fundadores, y lo hicieron iluminados por la fe, comprendiendo mejor cómo es la persona, cómo la fe hace más razonable la percepción de la realidad y cómo la fe ilumina la realidad hace comprender mejor a la persona.

Si la fe se separa de la vida es porque antes se ha separado la fe de la educación, porque se ha cortado el diálogo entre fe y cultura, entre fe y razón, porque se ha reducido la presencia de la fe en el ámbito público, el ámbito de uso de la razón. Estamos en un contexto de enormes desafíos. La buena escuela católica es ver juntos ese esfuerzo por hacer presente esa identidad, hacer juntos ese camino.

IDENTIDAD CRISTIANA EN LA DIRECCIÓN DE LA ESCUELA

A veces, en las escuelas de identidad cristiana (como en todas las demás escuelas) se pasa por etapas de dificultad institucional, consecuencia quizá de un déficit de dirección o de una cierta pérdida de identidad.

Durante mucho tiempo, la escuela católica ha transmitido la identidad sobre todo a través de las personas de su propia institución que trabajaban allí, que en su mayoría eran religiosos o religiosas y, por tanto, personas que ya estaban comprometidas. Ahora, la situación en muchos casos es diferente, porque no se cuenta con esas personas. Por eso hace falta profundizar más en cómo se transmite la identidad desde el propio gobierno de la escuela, cómo impulsar a quienes trabajan allí en el compromiso con los valores corporativos de la institución, cómo lograr que este nuevo escenario no rebaje la identidad, sino buscar el modo de que mejore, porque, aunque haya una cierta hostilidad exterior hacia algunos de esos valores, ese contraste puede ayudarnos a mejorar nuestra autocomprensión y nuestra autoexplicación.

Los profesores y tutores configuran en gran parte la identidad de la escuela. Necesitamos compromiso y valores cristianos al tiempo que valía profesional y vivencia de los valores y la cultura institucional. Y enseguida se ve la importancia de atraer talento y de hacerlo crecer. Se comprende la importancia de que las contrataciones de personas aseguren la identidad, porque igual que valoramos su nivel de inglés, su compromiso con el trabajo, su capacidad de empatizar con los alumnos y las familias, hemos de valorar su compromiso cristiano y su capacidad de transmitir de forma auténtica esos valores que vertebran la identidad de la escuela.

Porque la identidad no está tanto en los documentos (aunque es importante que ahí esté bien reflejada), sino que la identidad debe estar sobre todo en la vida de las personas y en las decisiones que tomamos cada día en el gobierno del aula y de la escuela: criterios sobre la organización de los horarios y asignaturas, sobre contrataciones, nombramientos, actividades, planes, dinámicas, explicaciones, narrativa diaria sobre nuestra identidad.

Hacer sostenible la identidad depende también de la viabilidad económica, de la buena organización y de la satisfacción de las familias. Por eso es importante el compromiso de todos con la reputación y el prestigio de la escuela, clave para su misión (como lo es la reputación del profesor, que revaloriza su capacidad de enseñar). Hemos de aprovechar las decisiones que se presentan cada día para pensar si responden a un compromiso con nuestra identidad, y ver en cada caso cómo es nuestro posicionamiento respecto a la misión y a la cultura corporativa. Así podremos analizar qué orientación queremos dar, qué decisiones importantes hemos tomado y ver si obedecen a un compromiso claro con el proyecto educativo.

También ha de mejorar el diálogo a todos los niveles, para promover una verdadera cultura del encuentro, en una sinergia abierta hacia todo lo que hace crecer la conciencia humana universal. Un diálogo que abra la fe al encuentro con todas las disciplinas académicas, con todos los tesoros de la sabiduría y del conocimiento, para crear un pensamiento capaz de presentar una síntesis que sepa unir teoría y práctica, que permita la creación de redes entre distintas instituciones que cultiven y promuevan valores similares, de modo que se puedan activar todas las posibles formas de una colaboración generosa.

Y también es importante gobernar la escuela de modo abierto. No podemos mirar al entorno como si de modo general fuera hostil o pagano. Dios está presente en esa sociedad, en medio de sus alegrías, anhelos y esperanzas, en sus dolores y sufrimientos. La Iglesia no puede refugiarse en sus instituciones parroquiales ni en sus escuelas, no debe marcar fronteras que lleven a encerrarse en lo propio.

La escuela debe habitar en el horizonte de la ciudad global, con presencias eclesiales múltiples, capaces de encontrarse con los demás, muy plurales, cercanas y dialogantes con todos, configurando así una comunidad viva junto a otras realidades sociales. Todo eso requiere una gestión muy abierta, capaz de impulsar múltiples iniciativas comunitarias, de muy diversos carismas. Hay que salir de lo que algunos han llamado «cultura del declive», que se hace presente en las instituciones cuando comienzan a disminuir las vocaciones. En lugar de reducir la presencia por la falta de personas, hay que procurar ver el modo de aumentar la presencia con nuevas fórmulas, quizá no siempre tan institucionales, favoreciendo la creatividad de la gente, incorporando a otros, dando responsabilidad a quienes antes no se les había dado. En ese sentido, es fundamental lograr un nuevo y decidido protagonismo de la mujer, cuya presencia puede aún crecer mucho su acceso a los puestos de máxima responsabilidad.

También hay que superar los conceptos y criterios demasiado territoriales, donde nadie puede hacer nada fuera de su propia zona. Y aceptar opciones y caminos nuevos, aunque sean imperfectos, pero que pueden crecer y habrá tiempo de mejorar. No se puede gobernar queriendo orientar y controlar las energías de todos, porque para que las personas puedan desarrollarse, es mejor no querer poseerlas, ni siquiera para los fines más nobles. Cada uno debe encontrar su forma personal de trabajar dentro de nuestro modo general de hacer: queremos una identidad fuerte, pero abierta.

Esta generosidad organizativa nos exige capacidad de asistir al desarrollo de vocaciones inéditas e imprevistas, que generan nuevos espacios distintos de los ya establecidos. Debemos valorar los buenos ejecutores de lo ya establecido, pero también dejarnos sorprender por nuevos creadores, aunque sean a veces un tanto disruptivos. Debemos saber apreciar y gustar no sólo de las buenas ejecuciones de partituras ya escritas, sino dejarse sorprender por otras nuevas. No solo generar buenos «intérpretes» sino también buenos «compositores» de nuevas partituras[8]. Proyectos plurales, donde cada semilla se adapta al terreno donde crece, generando una novedad permanente. Ideales que despierten en cada uno esas aspiraciones interiores que esperan una llamada.

Hay personas muy capaces que apenas han desplegado su vocación docente porque aún no han encontrado un ambiente capaz de acogerla y activarla. Esas aspiraciones, por las que después esas personas serán conquistadas, suponen un profundo encuentro con ellas mismas. Se manifiesta así el misterio y el encanto de la vocación personal, que moviliza enormes energías interiores: es algo profundo, que no procede de incentivos externos, y que nos hace dar lo mejor de nosotros mismos.

Es necesario impulsar la libertad asociativa y creativa. Hay que superar un poco el excesivo miedo a hacer algo porque puede competir con otro proyecto ya existente, sea

---

[8] Cfr. Luigino Bruni, «No rendirse al éxito», https://www.luigino-bruni.it/es/ok-gt/no-rendirse-al-exito.html

nuestro o de personas afines. Hay que encontrar modos pluridimensionales de desarrollar la formación y el trabajo en cada ámbito en que estamos presentes. Todo eso tiene que ir flexibilizando las estructuras, habitualmente constreñidas por criterios bastante arraigados, y facilitar con entusiasmo la entrada a otras realidades eclesiales que puedan avivar la identidad cristiana de la escuela.

Hay que encontrar y potenciar a esas personas dotadas de capacidad de movilizar a los demás. En las escuelas y en todas las instituciones suele haber hombres y mujeres, y muchas veces son gente sencilla, que se ganan espontáneamente la confianza de quienes tienen alrededor. Esas personas tienen gran capacidad de dinamizar las comunidades educativas y pueden ser excelentes catalizadores de la identidad cristiana. Son capaces de entablar relaciones profundas y conversación espiritual. Así se forman comunidades cristianas extrovertidas que no buscan trabajar solo en el calor de su propio espacio eclesial, sino que salen fuera con valentía, que no ven problema en presentarse abiertamente como cristianas, que tienen conciencia de aportar una riqueza social en un mundo en el que, sobre todo en las periferias de las grandes ciudades, hay mucha necesidad de encuentro personal, porque ha disminuido mucho la participación social y civil.

La Iglesia y sus instituciones siguen siendo una gran oportunidad de encuentro en muchos ámbitos sociales donde muchas personas se encuentran en un entorno inhóspito y carente de empatía. La escuela debe ser una realidad social visible y relevante que irradie el mensaje de paz y de alegría del Evangelio.

Juan Pablo Cannata ha desarrollado un interesante trabajo sobre la comunicación de la identidad cristiana de instituciones sociales y educativas en nuestro contexto cultural[9].

Parece claro que en nuestro tiempo se ha consolidado un contexto cultural y jurídico en el que ciertos valores que la Iglesia católica siempre ha considerado fundamentales son ahora cuestionados por amplios sectores de la sociedad. Esto afecta bastante a las instituciones sociales y educativas de identidad cristiana. ¿Cómo contribuir al bien común cuando se pone en duda o se niega que algunas de esas propuestas cristianas sean un bien social? ¿Cómo comunicar valores cristianos y presentar su profundo sentido positivo, su potencialidad para inspirar un trabajo conjunto por el bien común? ¿Cómo visualizar su característica central de respeto por todos y cada uno de los seres humanos y del mundo en que vivimos? ¿Cómo responder a preguntas o planteamientos controvertidos de tal manera que un aspecto mal expresado o mal entendido de la propuesta institucional no deje en el aire un regusto de intolerancia que oscurezca la expresión de la propia identidad y nos lleve a una polémica negativa o incluso a un escándalo?

Desde hace algunos años, el mundo occidental está viviendo un proceso complejo de cambios culturales que

---

[9] En este epígrafe y el siguiente se desarrollan ideas de Juan Pablo Cannata, «Valores y discurso público: comunicación e identidad cristiana de instituciones sociales y educativas en el nuevo contexto cultural», Universidad Austral, junio 2014, https://ojs.austral.edu.ar/index.php/australcomunicacion/article/view/101/117

en muchos casos se concreta en nuevas legislaciones sobre cuestiones que afectan al núcleo de la identidad de esas instituciones. Además, en muchos casos, los planes oficiales de educación obligan a incluir contenidos que colisionan con determinados valores cristianos. Este escenario plantea interrogantes y desafíos que deben desarrollar su tarea en un espacio en el que hay un difícil equilibrio entre su propia identidad, la opinión pública y las leyes.

Las personas tenemos tendencia a adoptar las opiniones que suponemos mayoritarias y, en cambio, nos cuesta expresar nuestra postura cuando percibimos que la mayoría de los que nos rodean piensan lo contrario. Algunos lo han llamado «espiral del silencio», o «tiranía de la mayoría», o «contagio mimético». La sensación de unanimidad genera una contundente impresión de si te enfrentas a la corriente de opinión hegemónica sufrirás una presión hostil. Cuando las personas se autoperciben como «todos menos yo», o cuando una opinión se extiende en forma acelerada, es difícil escapar de ese mimetismo. Sumado a esto, lo legal es percibido por muchos como lo bueno, y esos cambios de legislación consolidan valores y opiniones sociales. Todo eso hace que cuando alguien hace una declaración que se opone a lo que se considera apoyado por la mayoría, los demás actores del escenario público recibirán crédito positivo por criticarlo y se sentirán impulsados (o incluso obligados) a criticarlo también.

Además, ese descrédito puede desembocar en la potencial activación de un escándalo. El descrédito se da cuando unas determinadas declaraciones públicas producen un descenso de la reputación del enunciador, pero sin cuestionar su legitimidad para expresar ese valor ni su posición social. El resultado podría resumirse así: aunque el valor que propones nos parece anticuado y cerrado, por lo que no consideramos tu pensamiento como interesante o positivo, reconocemos que tienes derecho a pensar y expresar tu postura. En cambio, el escándalo es una explosión emocional negativa que surge cuando se viola un valor fundamental de la comunidad: tu pensamiento o tu conducta es un atentado contra la sustentabilidad de nuestra comunidad, por lo que no tienes derecho a expresarte así, eres un daño para nosotros, debes ser sancionado o expulsado. Como algunos de los valores fundamentales de la comunidad se han alejado bastante de los valores católicos, la posibilidad de activar un escándalo ha aumentado, y a la vez la legitimidad de la Iglesia como promotora de estilos de vida positivos para la sociedad en general ha sido puesta en duda por amplios sectores de la población. Esto afecta de manera particular a las instituciones educativas porque desarrollan su actividad con el objetivo de promover valores y, ordinariamente, están insertas en un sistema formal, regulado y a veces también financiado por el Estado.

Ante este nuevo contexto, surge un cuestionamiento: ¿las organizaciones educativas católicas o de inspiración católica tienen derecho a organizarse de acuerdo con sus principios y a promover sus valores en la conversación pública? O más en concreto: ¿un colegio de identidad católica puede enseñar su desacuerdo con una determinada legislación sobre la familia, la vida o la educación? La consideración del ideario de un centro educativo plantea a veces casos difíciles, como por ejemplo la situación de un profesor que deja de compartir los principios institucionales o los criterios establecidos en la escuela.

Esta situación presenta un debate sobre las legitimidades sociales que conforman el contexto comunicativo en el que se desenvuelven esos centros educativos. Por esto, los esfuerzos de autoexplicación han de ser mayores, porque los enunciados deben incluir explícitamente el propio marco de expresión, que quizá es desconocido o mal conocido por el gran público.

Por motivos históricos y sociales, en amplios sectores de la opinión pública se asigna a los cristianos una actitud intolerante y potencialmente discriminadora. Esta nube oscura que flota sobre el catolicismo forma parte del tejido cultural y es uno de los elementos del marco dentro del cual se cuestiona a la Iglesia y a las instituciones de identidad cristiana. Este contexto genera una tensión en la conversación pública que otorga relevancia negativa a los valores que son percibidos como contraculturales: comienzo y fin de la vida humana, matrimonio y familia, sexualidad y vida conyugal, etc. El debate toca las raíces de nuestra sociedad y se expresa a partir de un prejuicio negativo. ¿Promover los valores cristianos mejora el mundo, o esos valores discriminan y hacen daño a los demás? ¿Los valores cristianos son compatibles con la sociedad plural y democrática del siglo xxi?

Ante este panorama, algunas organizaciones de ideario católico se han planteado a veces si, para entrar en sintonía con la nueva cultura y comunicar positivamente a la sociedad, es necesario presentarse como menos cristianas, es decir, ceder un poco en la visualización de las convicciones institucionales o hacer más ambigua su propuesta. Es obvio que hay que encontrar el modo de plantear la propia propuesta institucional en diálogo con la cultura imperante, pero sin dejar de ser coherentes con la propia identidad.

116

Valores en tensión y valores en sintonía con la sensibilidad mayoritaria

En la comunicación del mensaje cristiano podemos distinguir al menos dos niveles. En primer lugar, hay un marco de valores generales (caridad, dignidad humana, justicia social, paz, amor a la libertad) que generalmente son *valores en sintonía* con la sociedad actual. Y hay otros (como el cuidado de la vida por nacer, o la postura de la Iglesia sobre la familia o sobre la sexualidad) que, por el contrario, suelen ser *valores en tensión* con la sensibilidad mayoritaria.

Es frecuente que los valores que están en sintonía con el sentir mayoritario no sean percibidos como «cristianos», porque su generalización los ha convertido ya en valores que son percibidos como «de todos», aunque forman parte central de la propuesta del Evangelio (por ejemplo, el cuidado de la creación, la lucha contra las nuevas formas de esclavitud, la justicia social o la promoción de la paz). Estos «valores en sintonía» potencian el marco general compartido. En cambio, los otros, los «valores en tensión» pueden ser recibidos muchas veces como en contradicción con el marco general.

También el contenido de esos dos niveles pueden variar de acuerdo según los ambientes o personas, pues en algunos casos son más difíciles de entender los valores de la justicia social, y en otros el problema puede estar en lo relacionado con el cuidado de la vida por nacer, o la postura de la Iglesia sobre la familia, o sobre la sexualidad.

De acuerdo con esa complejidad, una comunicación positiva debería centrarse inicialmente en la expresión del marco general de valores. Y solo cuando está asegurado ese primer nivel, centrarse en el siguiente. Reconocer este proceso no quita que cuando se abordan temas controvertidos, en los que de alguna manera hay un juicio previo de sospecha hacia las posturas de la Iglesia, siempre será difícil exponerlos con acierto, tanto por la dificultad al expresarlos como por los riesgos en la recepción del mensaje.

El proyecto *Catholic Voices*[10] reconoció en este proceso una oportunidad para facilitar el entendimiento de las propuestas católicas en el escenario público: en primer lugar, se debe encontrar el valor compartido que subyace en la crítica (por ejemplo, si se habla del aborto, el valor compartido puede ser la defensa del más débil), y desde ese valor compartido construir una base común que tiene siempre como punto de partida el reconocimiento de la buena intención de fondo de las personas con quienes hablamos.

Este método para el diálogo, denominado *reframing*, contribuye a la promoción de una relación de mutuo respeto, que evita actitudes condenatorias hacia las personas y reconoce en el interlocutor una rectitud en la búsqueda del bien social. El *reframing* como desafío comunicativo busca establecer el mejor contexto posible para compartir convicciones personales. Multiplicar las relaciones de comunicación respetuosas y honestas es la vía más directa para instaurar una cultura de diálogo.

Cuando la situación permite exponer explícitamente el propio marco de interpretación, fundamentado en valores legitimados por la opinión pública, es decir, basados en «valores en sintonía», es posible ofrecer después otros enunciados específicos de «valores en tensión» con una

---

[10] Catholic Voices, https://www.catholicvoices.org.uk/

mayor expectativa de que sean interpretados adecuadamente. Habrá veces en que no se podrá evitar la tirantez, quizá porque en determinados casos no se encuentra suficiente base compartida, pero siempre es posible ofrecer, con palabras y con actitudes, un mensaje claro y honesto sobre la propia postura y un marco de recíproco respeto. En comunicación es importante lo que queda en la mente y el corazón de los destinatarios o interlocutores.

El marco de «valores en sintonía» es el puente que conecta con la cultura, y son la clave para entrelazar un tejido cultural compartido: la caridad con todas las personas, y ante todo, especialmente, con quienes atraviesan momentos de dificultad. Es la condición de credibilidad para que se pueda percibir bien lo que luego quiere proponerse sobre valores que son menos compartidos.

Como hemos dicho, hay ciertos valores cristianos que impregnan la sociedad actual. La promoción de los derechos humanos, la paz, la justicia social, la dignidad de la mujer, el acceso a la educación, una economía al servicio de la persona y el bien común. Un centro educativo de inspiración cristiana sabrá reconocer la promoción de estos valores ampliamente aceptados como parte fundamental de su mensaje y tarea, y también como oportunidad para reforzar el marco general y desarrollar lazos comunes. A partir de esos eslabones será más fácil comunicar y proponer valores que quizá despiertan quizá una cierta resistencia. La clave es no limitar la comunicación a los valores que están en discusión porque se corre el riesgo de deformar la identidad cristiana y de presentarla como un marco negativo, agresivo o carente de propuesta. Se trataría en cierto modo de un error de proporcionalidad.

Si un centro educativo falla en la comunicación de su marco de valores y en la construcción de una legitimidad social fundada en su compromiso con los problemas compartidos de la comunidad, y se presenta como un sancionador de conductas que hoy están legitimadas e incluso promovidas tanto en la sensibilidad pública como en la legislación, recibirá duras sanciones por parte de su entorno. El verdadero desafío es comunicar en positivo, integrando las propuestas específicas dentro del marco compartido.

Participar de la conversación pública exige aportar los valores propios a la vez que se construye la sociedad de todos. Por eso, cuanto más negativo parece un contexto social o ideológico, más importante es comunicar el marco de los «valores en sintonía», porque así se podrán compartir también los «valores en tensión», siempre con caridad y espíritu de diálogo. Podemos observarlo en dos ejemplos de *reframing* empleados con frecuencia por el papa Francisco:

> Cuando no se reconoce en la realidad misma el valor de un pobre, *de un embrión humano*, de una persona con discapacidad —por poner sólo algunos ejemplos—, difícilmente se escucharán los gritos de la misma naturaleza. Todo está conectado[11].

> Mi pensamiento se dirige hoy a todos los niños asesinados y maltratados, *ya sea aquellos antes de ver la luz, privados del amor generoso de sus padres y sepultados por el egoísmo de una cultura que no ama a la vida*, o a los niños desalojados

---

[11] Papa Francisco, Carta Encíclica *Laudato Si*, n. 117, 24.V.2015.

a causa de las guerras y de las persecuciones, abusados y explotados delante de nosotros y con nuestro silencio cómplice; a los niños masacrados bajo los bombardeos... [12].

En ambos casos, el mensaje aborda cuestiones en tensión con la opinión mayoritaria (van en cursiva, y se refieren por ejemplo al aborto o al uso que se hace de los embriones humanos), pero esas afirmaciones se insertan en un contexto de valores en plena sintonía con la cultura actual (atención al pobre o al perseguido o a la persona con discapacidad, cuidar la naturaleza, promover la paz), y se hace con coherencia y con un hilo conductor claro. De ese modo, queda patente ante el lector que lo lógico es defender la vida vulnerable e inocente, cualquiera que sea su situación. Así lo explicaba el propio papa Francisco: «Es importante la capacidad de expresar lo que uno siente sin lastimar; utilizar un lenguaje y un modo de hablar que pueda ser más fácilmente aceptado o tolerado por el otro, aunque el contenido sea exigente; plantear los propios reclamos pero sin descargar la ira como forma de venganza, y evitar un lenguaje moralizante que sólo busque agredir, ironizar, culpar, herir»[13].

Por otra parte, esa comunicación se interpreta mejor si se presenta como una orquesta bien conjuntada. Es mejor contar con más voces, más instrumentos, más redes de participación y expresión. La riqueza del mensaje

---

[12] Papa Francisco, Mensaje Navidad *Urbi et Orbi*, 25.XII.2014, https://www.icndiario.com/2014/12/francisco-mi-pensamiento-se-dirige-hoy-a-todos-los-ninos-asesinados-y-maltratados/

[13] Papa Francisco, Exhortación Apostólica Postinodal *Amoris laetitia*, n. 139.

cristiano se expresa en la diversidad de matices, caras, historias, espiritualidades, perspectivas: sumar a otros y sumarse a otros, trabajar en equipo, ampliar el marco de exposición. Una comunicación abierta, dialogante, respetuosa y sincera, contribuye a generar comunidades abiertas, dialogantes, respetuosas y sinceras. Una comunicación agresiva, cerrada y distante, genera una comunidad cerrada y distante. Una comunicación impregnada de caridad genera una comunidad más cristiana. Juan Pablo Cannata concluye esta explicación proponiendo seis claves[14]:

1. *Construir un marco común*: explicitar y comunicar el ideario institucional hasta transformarlo efectivamente en cultura de la organización, de modo que impregne iniciativas, ideas, prácticas cotidianas, criterios de decisión y paradigmas de referencia.

2. *Promover el diálogo y las relaciones abiertas*: el diálogo es garantía de convivencia en una sociedad plural y favorece el respeto mutuo. Así, la acogida, la autenticidad y la solidaridad se convierten en la música de fondo de la organización, de modo que no sean afirmaciones retóricas sino una realidad cotidiana.

3. *Proponer las propias convicciones a partir de los valores comunes*: basarse en lo compartido implica un esfuerzo por profundizar en la propia identidad y descubrir las palabras adecuadas, dando claridad y relevancia al mensaje.

---

[14] Juan Pablo Cannata, «Comunicar la sinfonía de la verdad: discurso público, identidad y valores cristianos en el siglo XXI», 25.IX.2015, http://www.iglesiaendirecto.com/2015/09/25/comunicar-verdad-discurso-identidad-valores/

4. *Sumar a otros, sumarse a otros*: las relaciones abiertas y amplias se desarrollan compartiendo proyectos e ilusiones, con un rol comunitario proactivo.

5. *Colaborar en la solución de los problemas sociales del propio entorno*: comprometerse en temas que reclaman soluciones colectivas, como la justicia social, la ecología, la erradicación de la pobreza, el combate de formas de violencia como el *bullying*, etc., sin centrarse demasiado sobre una agenda estrecha de temas polémicos.

6. *Potenciar la propia legitimidad como voz pública*: la coherencia entre comunicación y acción, así como la capacidad para empatizar y usar un tono abierto, son determinantes en la legitimación de los portavoces de valores, abordando temas sensibles con espíritu constructivo y visualizando la primacía de la caridad.

Uno de los grandes desafíos de la cultura actual es poder responder con acierto a las grandes preguntas, de modo que las instituciones cristianas colaboren en la construcción de una sociedad más justa, más inclusiva, más respetuosa de la dignidad de la persona, que ayude a dar más sentido a nuestra vida y a la de nuestros conciudadanos. Como ha escrito José Francisco Serrano Oceja, «la influencia de la Iglesia en la sociedad depende de su capacidad de ofrecer argumentos convincentes. La Iglesia ya no puede apoyarse, ni debe, en otros tipos de poder. Todo con tal de que el público secular no vea a la Iglesia como un grupo de indignados que se centran obsesivamente en determinadas cuestiones (aborto, homosexualidad...). Sería urgente que se acabara la impresión de que la sociedad sabe hoy más *en contra de qué* están los católicos que *lo que* proponen y lo que pueden aportar»[15].

El anuncio de la fe debe ser un mensaje siempre esperanzador. La evangelización es una comunicación que nace de la Revelación, y la Iglesia desea llevar ese mensaje a toda persona. Y no se trata solo de transmitir contenidos, es preciso gestionar la comunicación generando relaciones positivas, de confianza mutua. Con transparencia en cómo hacemos las cosas y también en por qué las hacemos así. Atreviéndose a normalizar la idea de todos tenemos problemas y explicar cómo los afrontamos y los procuramos resolver, porque la perfección no existe. Con mensajes empáticos y claros, evitando expresiones que la gente no entiende bien. Sin querer ser demasiado exhaustivos en la explicación de la fe, porque es Dios quien cambia el corazón a través de muchas cosas. Reaccionando con rapidez pero manteniendo la profundidad del mensaje. Sabiendo suscitar interés por la espiritualidad, porque lo natural será hablar de modo que sepamos mostrar nuestra inspiración más profunda, ya que, como decía Benedicto XVI, «quien no da a Dios, da demasiado poco»[16].

NOVEDAD DEL EVANGELIO ANTE
LAS IDEOLOGÍAS DOMINANTES

La vida es diferente si se plantea de cara a Dios o no. Es cierto que hay muchas personas que no tienen fe y muestran

---

[15] José Francisco Serrano Oceja, Dios ha vuelto, ABC, 9 de abril de 2023, https://www.abc.es/sociedad/jose-francisco-serrano-oceja-dios-vuelto-20230409005358-nt.html

[16] Benedicto XVI, Mensaje para la Cuaresma, 2006.

altas cotas de honestidad. Eso es así porque los seres humanos tenemos por naturaleza esa aspiración moral, algo que no tendríamos si fuésemos solo materia. La gente honrada, que es la mayoría, lo ve así. Y creen por ejemplo que hay que ser justos, y no piensan que eso sea una simple opción de cada uno, entre otras muchas, sino que es algo que nos concierne a todos, y por eso vemos que la mayoría de las personas comparte un amplio sentido de la justicia que es universal.

Pero las cuestiones existenciales cambian de visión, o de escenario, cuando las personas están iluminadas por la fe, la esperanza y la caridad. Cambia el escenario de la vida, porque hay un Dios que nos interpela, con una historia de la salvación, que realmente es lucha entre el bien y el mal, y una promesa de juicio y de remuneración.

Por eso la vida es diferente si se vive de cara a Dios y, por Dios, de cara a los demás. Las aspiraciones de felicidad tienen un mayor recorrido, son más elevadas que otras aspiraciones menores. También en la lucha contra el mal, el dolor y el sufrimiento, se plantea un escenario diferente cuando hay fe.

Hay también una mejor respuesta al enigma del mal y del sufrimiento. Siempre es dificultoso entender la existencia del mal y del dolor, y a veces puede parecer difícil hacerlo compatible con la existencia de Dios. Pero, cuando no hay fe, el mal tiene aún menos explicación, es una vulgaridad, un fatal accidente de la naturaleza con el que nos topamos constantemente. Vemos que hay mucho mal en el mundo, vemos el mal de la injusticia de los hombres y vemos que el mal está también dentro de nosotros. No hay respuestas sencillas a esto. Vemos mucho dolor, y vemos que, en todo dolor profundo, lo que las personas necesitan es gente que las quiera, que respete su dolor y, si tienen fe, que recen para que Dios les ayude a sobrellevar y compartir la soledad que siempre hay junto al dolor. Todo eso nos plantea un reto que nos invita a detenernos a pensar en la gente que lo pasa mal. Una voz que nos impulsa a pensar qué podemos hacer por remediarlo. Todo eso es una llamada, incluso una vocación. La aspiración de la vida no puede ser un simple pasarlo bien cuando vemos a tanta gente pasarlo mal. El sentido cristiano nos plantea una misión en el mundo, por eso es importante en educación que los niños sepan que hay otros que pasan dificultades mayores, que hay mucho sufrimiento y cada uno debe preguntarse qué puede hacer por aliviarlo. Cada uno tiene que pensar su misión y encontrar su camino.

Los cristianos no pensamos que un determinado comportamiento es malo porque nuestra religión haya dicho que es pecado, sino al revés, es pecado porque es malo. Santo Tomás de Aquino explicaba aquello de que «ofende a Dios lo que daña al hombre», porque Dios es quien nos ha creado y nos ha dado nuestra dignidad, y sus mandatos velan por nosotros y por nuestra dignidad, aunque no siempre lo intuyamos correctamente.

La naturaleza humana no es perfecta, parece claro que está herida, que no acierta siempre con lo que es mejor, o al menos no siempre se siente suficientemente atraída por lo que es mejor, o no siempre encuentra fuerzas para dirigirse hacia lo mejor. En todo caso, es patente la necesidad de ayuda. Necesitamos a Dios. Es algo que está en nuestra naturaleza, lo sentimos, aunque no siempre con la suficiente claridad.

La cultura en que vivimos no siempre está muy alineada con esto. Bastantes de las tendencias sociales de nuestro tiempo son las propias de una ciudad sin Dios, de un mundo que nos atrae con señuelos que nos distraen o nos confunden. Y también vemos a veces una animosidad profunda y constante contra todo lo cristiano, una ofensiva bien diseñada contra muchos de los valores que representa la fe.

Pero el problema no está solo fuera. Las malas tendencias interiores que todos tenemos son con frecuencia un enemigo aún más amenazador. La soberbia, la ira, la envidia, la avaricia, la lujuria… y por supuesto la pereza, que es quizá el pecado más general. Tanto fuera como dentro de nosotros encontramos ese principio de oposición a la mejora y el crecimiento personal. Y el espíritu cristiano nos ha de inspirar una mirada de misericordia y de fe, no de indignación o de rencor. Una mirada que nos mueve a la caridad, a ver personas detrás de cada acontecimiento, personas que quizá necesitan de nosotros una respuesta más cristiana, más compasiva, una reflexión que nos haga encontrar puntos comunes, una cultura del encuentro. Y eso vale también para la propia mejora personal, para no paralizarnos con diferentes excusas.

El papa Francisco recomienda por ejemplo evitar el victimismo, esa «especie de seducción de la desesperación, muy presente en la masoquista conciencia contemporánea (…) Hay lutos indefinidamente prolongados, en los que la espiral del vacío dejado por quien se ha ido se ensancha cada vez más, que no son propios de la vida en el Espíritu; hay laberintos en los que uno se pierde a fuerza de mirarse solo los pies; hay amarguras rencorosas que ocupan la mente de quien las alimenta hasta convertirlo en una eterna víctima, a pesar de que al principio quizá su exigencia fuera legítima. Nada de eso conduce a una vida sana, y mucho menos cristiana. Un cristiano triste, al final, no deja de ser un triste cristiano»[17].

Hay otros aspectos en la cultura dominante que también dificultan la comprensión del mensaje cristiano. Uno de ellos podría ser el consumismo, que genera una cierta ansiedad por acceder a más y más cosas, y nos hace un poco sordos a otros valores más altos. Otro aspecto podría ser el materialismo, que tiene una sorprendente fe en explicaciones bastante milagrosas sobre el origen del universo y sobre cómo todo se genera a base de adaptación. Hay de fondo también en nuestra cultura una vieja animosidad hacia el cristianismo, que se ha creado en gran parte sobre estereotipos, pero que influye mucho en las percepciones de la gente y ha generado una antipatía profunda hacia todo lo católico, fuertemente impulsada desde algunos sectores culturales. Hay otro aspecto, más reciente, relacionado con la llamada ideología de género, a la que hay que contraponer un discurso positivo, no combativo, sobre el ideal de vida cristiana, y una propuesta que debe plantearse desde el respeto, el afecto y la comprensión que son propios de lo más central del mensaje cristiano, que es querer a las personas.

Cada persona recibe a lo largo de su vida mensajes muy diversos, observa el testimonio de personas muy diferentes, está sometida a conflictos e influencias muy dispares. Todo

---

[17] Papa Francisco, *Esperanza. La autobiografía: Memorias del papa Francisco*, Plaza&Janés, 2025, p. 323.

ese conjunto genera una multiplicidad de estratos en su formación y su cultura, que impregnan todo el desarrollo de su identidad personal, y que llevan con el tiempo a sucesivas revisiones de vida, donde las semillas que se han sembrado en la educación germinan y fructifican en el momento menos esperado. Por eso, en educación hay que sembrar siempre, aunque tarde en verse el resultado, o aunque incluso nunca llegue a verse. Hay que seguir el estilo de la parábola del sembrador, que esparce la semilla en tierra buena pero también en tierra menos buena. Porque la educación es un servicio que siempre debe estar presidido por la rectitud, por la confianza y por el respeto hacia la otra persona. El mensaje cristiano es un mensaje de esperanza, una esperanza enraizada en la convicción de que, sean cuales sean las vicisitudes del momento presente, la historia es en último término una historia de salvación.

Y no se trata de una salvación solo desde una perspectiva individual. Hay que desarrollar también una conciencia comunitaria, enseñar a pensar en un mejor futuro colectivo, a considerar más el impacto que tienen nuestras decisiones sobre la vida de los otros, incidir en una educación ética que explique que el bien común requiere de renuncias y sacrificios personales por parte de todos. Vivir la fe cristiana no es cumplir una serie de obligaciones religiosas individuales, no es una simple espiritualidad donde lo único importante es salvar la propia alma, olvidando la llamada a transformar la realidad de nuestro entorno. El espíritu del Evangelio supone comprometerse a correr riesgos y transformar el mundo. Los católicos no pueden replegarse sobre sí mismos. Es más, deben estar

abiertos a acoger con misericordia a tantas personas dañadas por las ideologías pero que vuelven la mirada a la
Iglesia con esperanza de encontrar un faro en medio de
la oscuridad. Precisamente por eso no hay que mime-
tizarse sino dejarse ver con desenvoltura. La escuela
debe ser un terreno fértil donde la fe pueda germinar.
Y ese terreno no es otro que el interior de la persona,
y se cultiva sobre todo a través de las humanidades.
Por eso la familia y la escuela deben apostar por una
formación humanística que abra el camino a la verdad,
al bien y a la belleza.

Cuidado del medioambiente

La educación ambiental ha estado muy centrada durante
mucho tiempo en la información científica y en la con-
cienciación y prevención de riesgos ambientales. Ahora
tiende a «recuperar los distintos niveles del equilibrio eco-
lógico: el interno con uno mismo, el solidario con los
demás, el natural con todos los seres vivos, el espiritual
con Dios»[18].

La existencia de leyes y normas no es suficiente a largo plazo para limitar los malos comportamientos contra
el medioambiente. Para que la norma jurídica produzca
efectos importantes y duraderos, es necesario que la mayor parte de los miembros de la sociedad la hayan aceptado a partir de motivaciones adecuadas, y que reaccionen
desde una transformación personal.

---

[18] Para este epígrafe, cfr. Papa Francisco, Carta Encíclica *Laudato Si*,
24 mayo 2015, nn. 210 y siguientes.

«Si una persona, aunque la propia economía le permita consumir y gastar más, habitualmente se abriga un poco en lugar de encender la calefacción, se supone que ha incorporado convicciones y sentimientos favorables al cuidado del ambiente. Es muy noble asumir el deber de cuidar la creación con pequeñas acciones cotidianas, y es maravilloso que la educación sea capaz de motivarlas hasta conformar un estilo de vida. La educación en la responsabilidad ambiental puede alentar diversos comportamientos que tienen una incidencia directa e importante en el cuidado del ambiente, como evitar el uso de material plástico y de papel, reducir el consumo de agua, separar los residuos, cocinar sólo lo que razonablemente se podrá comer, tratar con cuidado a los demás seres vivos, utilizar transporte público o compartir un mismo vehículo entre varias personas, plantar árboles, apagar luces innecesarias. Todo esto es parte de una generosa y digna creatividad, que muestra lo mejor del ser humano. El hecho de reutilizar algo en lugar de desecharlo rápidamente, a partir de profundas motivaciones, puede ser un acto de amor que exprese nuestra propia dignidad. No hay que pensar que esos esfuerzos no van a cambiar el mundo. Esas acciones derraman en la sociedad un bien que siempre produce frutos más allá de lo que se pueda constatar, porque provocan en el seno de esta tierra un bien que siempre tiende a difundirse, a veces invisiblemente».

En la familia se cultivan los primeros hábitos de amor y cuidado de la vida, como por ejemplo el uso correcto de las cosas, el orden y la limpieza, el respeto al ecosistema local y la protección de todos los seres creados. La familia es el lugar de la formación integral, donde se desenvuelven los distintos aspectos de la maduración personal. En la familia se aprende a pedir permiso sin avasallar, a decir «gracias» como expresión de una sentida valoración de las cosas que recibimos, a dominar la agresividad o la voracidad, y a pedir perdón cuando hacemos algún daño. Estos pequeños gestos de sincera cortesía ayudan a construir una cultura de la vida compartida y de respeto a lo que nos rodea.

También la escuela tiene un papel importante para educar en una austeridad responsable, para la contemplación agradecida del mundo, para el cuidado de la fragilidad de los pobres y del ambiente. Lo mismo puede decirse de la educación estética y la preservación de un ambiente sano: «prestar atención a la belleza y amarla nos ayuda a salir del pragmatismo utilitarista. Cuando alguien no aprende a detenerse para percibir y valorar lo bello, no es extraño que todo se convierta para él en objeto de uso y abuso inescrupuloso».

La escuela debe ser maestra en nuevas oportunidades para el planeta y sus habitantes, maestra de esperanza. Debe ser una escuela de personas que defienden la vida del planeta, que está amenazada en este momento por una grave destrucción ecológica. Debemos reconocer la urgencia dramática de hacernos cargo del futuro de la casa común. Esto no se puede lograr sin una transformación del corazón y un cambio en la visión antropológica que está en la base de toda la convivencia humana, también la economía y la política.

Es importante tenerlo presente a la hora de pensar en el progreso, porque muchas veces, en nombre del progreso, se puede impulsar una gran regresión. Las nuevas generaciones pueden vencer este desafío, y no solo aprendiendo en la escuela a cuidar pequeños detalles, sino generando una visión integral de la ecología: «Necesitamos escuchar el sufrimiento del planeta junto al de los pobres; necesitamos poner el drama de la desertificación en paralelo al de los refugiados, el tema de las migraciones junto al del descenso de la natalidad; necesitamos ocuparnos de la dimensión material de la vida dentro de una dimensión espiritual. No creando polarizaciones sino visiones de conjunto»[19].

La escuela y la inmigración

En el tema de las migraciones, existe una línea constante de enseñanza de los últimos papas[20]. La emigración no es solo una serie de emergencias, sino sobre todo un fenómeno constante y estructural de desplazamientos de pueblos, que siempre estará presente y que por tanto merece una política de largo alcance. Por otra parte, muchos países necesitan de la inmigración por razones laborales o de natalidad. Si se diseñan políticas positivas de integración, las migraciones son una oportunidad en el ámbito demográfico, religioso, social y económico. La historia de la mayoría de los países es fruto de numerosas migraciones, y si se ven con un poco de perspectiva, la mayoría de ellas son una necesidad y un desafío para crecer y transformarse.

---

[19] Discurso del papa Francisco en el Encuentro con universitarios en la Universidad Católica de Lisboa, 3 agosto 2023, https://www.vatican.va/content/francesco/es/speeches/2023/august/documents/20230803-portogallo-universitari.html

[20] Cfr. Andrea Riccardi, *La Iglesia arde: La crisis del cristianismo hoy: entre la agonía y el resurgimiento*, capítulo 9.

Cuando existe una buena estrategia de acogida y acompañamiento, la inmigración no tiene por qué ser una amenaza, sino una oportunidad de desarrollo: se recibe una cultura y se ofrece otra. Los recién llegados, esos inmigrantes o esos refugiados, con sus hijos, se unen a la historia del país y pueden suponer una importante contribución.

Es evidente que esa acogida de la inmigración tiene unos límites y que precisa de políticas certeras y bien medidas. A veces su atención requiere una política social de emergencia, porque se presentan en un determinado momento flujos masivos de personas necesitadas a las que hay que ayudar o asistir, pero lo decisivo es la tarea habitual de integración, evangelización y consideración con todos ellos.

Y la escuela de inspiración cristiana tiene bien presente que no debe sustraerse de las cuestiones vitales de la sociedad global, y eso reclama que sus comunidades, grandes o pequeñas, con muchos medios o con pocos, hagan visible su acogida, su empatía, su hospitalidad generosa y amable, no preocupándose tanto de su propia conveniencia sino de dar una valiente respuesta cristiana a cada dilema que se plantea.

De este modo se construye una sociedad que no piensa sobre todo en sus ventajas económicas o de cualquier otro tipo, sino que tiene bien presentes los valores inalienables de las personas. Una sociedad que conoce su pasado y sabe que también ha sido emigrante muchas veces. Que mira con confianza su futuro y no vive replegada sobre sí misma. Que persigue ideales y desea ser una tierra segura, abierta y pacífica, referente para un mundo más amable y acogedor. Que busca alianzas capaces de unir a mundos, culturas y sujetos diferentes, en una dinámica de encuentro y de diálogo global. Que reacciona con decisión contra esa mentalidad de cerrazón o de xenofobia que envenena la esperanza y nos priva de ese clima de acogida y ayuda que tanto necesitamos.

Las patologías del poder

Las crisis de los abusos sexuales han sido para la Iglesia una oportunidad de purificación, de apuesta por la transparencia y de esfuerzo en ganar credibilidad. No hay que negar los hechos, sino asumirlos frontalmente, mirar a las víctimas a la cara, reconocer las cosas que se han hecho mal, reparar en lo posible el daño causado y aprender de la experiencia para que no vuelvan a producirse.

Es preciso generar, fortalecer y consolidar una cultura y unos valores contrarios al abuso, tanto dentro como fuera de la Iglesia. Quizá ha costado trabajo afrontarlo, porque ciertamente lo que ha sucedido es muy contrario al mensaje que predica la Iglesia, pero precisamente por eso hay que impulsar una mayor proactividad, que pasa por la escucha y la atención a las víctimas, por adoptar protocolos de transparencia y de generación de entornos seguros.

Hay que pensar también que los abusos se producen en un contexto de hipersexualización, así como de pérdida de valores de la que todos somos de alguna manera responsables, y que esos abusos se han producido en multitud de ambientes, y en particular dentro de la familia. Por eso es necesario que la sociedad en su totalidad reflexione sobre los modelos que presentamos. Hay que potenciar la centralidad de la persona y su inquebrantable dignidad, porque detrás de la pansexualización, detrás de los abusos sexuales, lo que hay es una cosificación de seres humanos y eso es completamente contrario de la esencia del Evangelio.

Como ha comentado José Luis Segovia, «detrás de los problemas de abusos suele haber una patología estacional del poder, que adopta una forma de ejecución sexual, pero donde lo sexual es instrumental y lo que hay sobre todo es una patología del poder»[21]. La escuela debe hacer una reflexión sobre todo esto, y también sobre las razones y las estructuras que permitieron durante tiempo su extensión y su encubrimiento. Todo eso requiere una reflexión profunda que nos lleve a tomar medidas eficaces para cambiar las dinámicas perniciosas que están en la raíz y en el trasfondo de todo esto.

Es necesario establecer en las escuelas una cultura institucional que haga difícil el abuso de poder. Crear cauces para lograr que se reporten las malas prácticas. Implantar procedimientos que combatan cualquier amiguismo, autoritarismo o arbitrariedad, actitudes que casi siempre van unidas a los abusos y a su impunidad. Ha de haber canales de denuncia bien gestionados. Se han de cumplir con esmero todas las normativas de *compliance*. No debe haber nadie fuera de los sistemas de escucha, de evaluación y de *feedback*. Es preciso ser rigurosos para no caer en prácticas poco claras que con el tiempo se suelen ir extendiendo. Ninguna figura de autoridad debe estar sin el contrapeso de la colegialidad, o sin la obligación de rendir cuentas, o

---

[21] Entrevista COPE, 3 octubre 2022, https://www.cope.es/religion/hoy-en-dia/iglesia-espanola/noticias/jose-luis-segovia-sobre-los-abusos-iglesia-debemos-mirar-las-victimas-cara-20221003_2322655

de responder de cualquier cuestión que se plantee, porque la autoridad que no es servicio es dictadura.

Hay que luchar en particular contra el narcisismo que suele rodear al abuso de autoridad. Hay narcisistas abiertos, y hay otros narcisistas que podríamos llamar encubiertos, que intentan disimularlo, y que incluso pasan por humildes o sufridos, pero buscan siempre tejer un entorno controlable a su alrededor, expulsando posibles rivales e impidiendo cualquier crecimiento que salga de su control. El narcisista es manipulador y rencoroso. Le gusta acumular información para poder desacreditar a los demás cuando le interese. No se rodea de buenos colaboradores, sino de gente sumisa, dependiente y manejable. Prefiere gente mediocre y predecible, con lo que devalúa la institución a la que sirve. No entiende el liderazgo como servicio sino como personas puestas a su servicio. Por todo eso tiende a autoperpetuarse. Con otros narcisistas como él no suele formar equipo, pero entre ellos pueden jerarquizarse y surgir otros líderes menores, con las mismas tendencias narcisistas, que a su vez crean subgrupos de seguidores dóciles que apuntalan el sistema.

En las instituciones donde no se evalúa debidamente el desempeño, es difícil ayudar a los narcisistas a corregirse. Los narcisistas se refugian en entornos o instituciones donde apenas se rinde cuentas. Donde hay mala organización, poco control o miedo a exigir, allí se encuentran a sus anchas. También por eso es importante establecer modos adecuados de rendir cuentas de lo que hacemos. Y quienes consideran que eso es una falta de confianza, quizá esos son quienes más necesitan que les ayude a dar cuentas con transparencia sobre su trabajo.

Educar con éxito a los hijos o los alumnos en un mundo lleno de pantallas no es una tarea fácil. La velocidad, la fuerza y el impacto de la tecnología es innegable, y todo parece indicar que va a estar cada vez más presente. Y sabemos que la tecnología facilita la comunicación, pero al tiempo también absorbe la atención y nos puede aislar, y eso es un riesgo claro para los niños y los jóvenes (y también para los adultos).

Ni desde la familia ni desde la escuela podemos rendirnos en nuestro compromiso de lograr que la tecnología esté al servicio de la humanización de la sociedad. Es cierto que hay muchas personas que, por culpa de la tecnología, tienen menos interacciones sociales, pasan más tiempo solos y apenas tienen amigos reales. Y por eso hay que fomentar lo que nos abra a comunicarnos mejor, a descubrir las necesidades de los demás y a hacer un mundo cada vez más cercano y acogedor. Un mundo en que mejoremos la capacidad de expresión y de comprensión, en el que ganemos en pensamiento riguroso, no nos dejemos seducir por las *fake news*, o por las manipulaciones de los algoritmos, o por el *scroll* infinito. Tenemos que aprender y enseñar a analizar críticamente todo lo que observamos, leemos, escuchamos o pensamos.

No se trata de ser tecnófobos ni tecnófilos. Cada uno debe encontrar el modo que considere más adecuado de convivir con la tecnología, sin menospreciar las opciones de otros. Debemos estar atentos para aprender a gestionar lo mejor posible los diversos escenarios, que pueden ser muy variados. Hay que enseñar autocontrol y enseñar a detectar dependencias, también en uno mismo. Enseñar a manejar bien la tecnología y a no ser manejados por ella. Enseñar a poner la tecnología al servicio tanto del conocimiento como del encuentro personal. Se trata de un proceso de ajuste constante y mejora continua, profundizando desde el equilibrio, la escucha y el acompañamiento. Tanto la tecnología como la sociedad como nosotros mismos estamos en una constante evolución, y por eso familia y escuela deben trabajar conjuntamente para hacer frente a este desafío de educar ciudadanos responsables adaptados al tiempo que nos toca vivir.

Saber usar muy bien un cuchillo o unas tijeras no es simplemente usarlos con habilidad, sino saber bien dónde y cómo usarse. No es lo mismo usarlo para cortar una pizza que para agredir a alguien. Lo mismo sucede con la tecnología, que es una herramienta muy valiosa y útil en muchos ámbitos de la vida, pero que también puede ser muy peligrosa, o simplemente puede absorbernos demasiado.

Es indudable que en el contexto de la tecnología se presentan serios problemas relacionados con la atención, las adicciones y la salud mental, pero no parece que la solución sea declarar la guerra la tecnología. Tenemos que aprender a prevenir y gestionar la vulnerabilidad, las obsesiones y adicciones, como ha sucedido siempre, con la novedad de que en el ámbito de la tecnología esos problemas también afectan con frecuencia a los propios educadores. Por eso, la principal brecha digital no es tener acceso o no a la tecnología, sino tener o no la preparación personal necesaria para hacer un uso adecuado de ella. La verdadera brecha está entre quien es capaz de controlar las pantallas y quien termina siendo controlado por ellas.

No podemos privar a las nuevas generaciones de seguir leyendo libros en papel, de tener sobremesas largas sin pantallas, salir al campo y pasar tiempo de desconexión digital... porque todo eso es fundamental para las relaciones humanas, o para el pensamiento analógico, que es muy necesario. El pensamiento digital es más fragmentado, pues al mirar la pantalla para una cosa, enseguida saltamos a otra, porque ahí tenemos todo, y pasamos luego a otra, y al final no sabíamos qué queríamos hacer al principio. Por eso hay que desarrollar costumbres como mantener la atención en una película más lenta, aislarse del ruido digital para aumentar la concentración en lo que hacemos, reducir el tiempo dedicado a las redes sociales, no atender mensajes cuando estamos hablando con otra persona, o en las comidas, u otras pequeñas decisiones de ese estilo. Todo esto es importante para que los hijos y los alumnos (y nosotros) mejoremos en los problemas de concentración que tantas veces observamos.

Quizá hay que saber manejarse en lo digital como si no existiera lo analógico, y en lo analógico como si no existiera lo digital. Podemos leer libros electrónicos, con todas las oportunidades que tienen de usar anotaciones, resaltar o compartir texto, o traducir una palabra, pero al mismo tiempo procuramos no dejar el papel, porque aporta otras cosas y ayuda a concentrarse más. Si hablamos sobre esto con los hijos y alumnos, vemos que lo pueden entender perfectamente. Les cuesta asumirlo, como nos cuesta a nosotros, pero hay que abordarlo sin dramatizar sobre las adicciones o sobre las relacionales digitales.

Podemos hablar, por ejemplo, de que no es una buena idea encerrarnos en circuitos de pensamiento único, como sucede cuando seguimos solo a cuentas de quienes piensan como nosotros, o a cuentas que fomentan la polarización o la descalificación gratuita de las opiniones diferentes. Hablar sobre en qué páginas es prudente comprar y en cuáles no. Saber qué tipo de mensajes o perfiles pueden suplantar identidades, infectar nuestro terminal o estafarnos. Saber que hay contenidos que nos pueden hacer daño y que generan adicción. Cabe comentar que hay tiempos de conexión y tiempos de desconexión, de actividades digitales y de actividades analógicas, y que en la familia y en el aula conseguimos plantearnos objetivos comunes en los que todos nos pongamos de acuerdo, porque mejorar juntos en algo tiene una gran fuerza educadora.

Por otro lado, el mundo digital nos puede ayudar a contrastar mejor lo que decimos con lo que entiende la gente joven. La mente del nativo digital está estructurada según la pantalla del teléfono móvil, aunque no lo tenga en la mano en ese momento. Hay una lógica y una gramática y un relato que son una dinámica cultural que les resulta propia. No podemos ignorar ese gran cambio cultural. Las redes sociales nos enseñan también a observar mejor el reflejo de lo que pensamos o decimos, porque observamos a otros que dicen algo parecido a lo que decimos nosotros, o quizá dicen lo contrario. Analizar las opiniones contrarias a las nuestras hace madurar nuestro pensamiento y nuestra narrativa. Si nos acostumbramos a hacer ese contraste, quizá no sigamos diciendo o haciendo lo mismo, aunque en esencia sigamos en la misma dirección. San Agustín decía que «los ataques pueden ser con frecuencia más útiles que los elogios, ya que muchas veces los amigos nos pervierten al adularnos y, en cambio, los enemigos nos corrigen al insultarnos». Y estudiando a esos furibundos atacantes, si los escuchamos con atención y no nos impacientamos, quizá nos sorprendamos de encontrar con ellos bastantes áreas comunes, o de encontrar puntos débiles que apuntan a conclusiones bastante diferentes. Por eso John Henry Newman decía que «a veces nuestro enemigo se convierte en amigo; a veces se ve despojado de la virulencia maligna que le hacía tan temible; a veces se destruye a sí mismo; o queriendo hacer el mal, hace el bien, y luego desaparece».

Insisto en que un uso inteligente de las redes sociales nos puede ayudar a otear mejor el horizonte, a discernir bien los cambios sin fiarnos demasiado de los análisis precocinados que nos presentan desde ámbitos muy diversos. El horizonte no siempre es nítido, y por eso hay que estar siempre atentos para corregir el rumbo. Tenemos que conocer bien nuestros puntos débiles, nuestras incoherencias, nuestras explicaciones poco consistentes, nuestros ejemplos poco afortunados, nuestras argumentaciones confusas. Y conocer bien las críticas para así mejorar, no solo para evitarlas. Es mejor pensar qué pregunta es la que no queremos que nos hagan, y aprender a responderla. No podemos eludir los temas difíciles. Tenemos que poder responder a cualquier cuestión que nos planteen. Nos ayuda a mejorar nuestra coherencia personal y la calidad de nuestra conversación, porque sabemos bien que cuando estamos en la plaza pública virtual hablamos para una multitud en la que hay mucha gente bien informada y con capacidad crítica.

En todo caso, vemos que ya ha caído aquella utopía del tercer milenio que anunciaba una comunicación sin límites, superados los antiguos tabúes y gracias al impulso y la facilidad para la amistad de las redes sociales. No ha pasado mucho tiempo y la sociedad de hoy percibe un claro peligro de que todo eso nos atrinchere mentalmente y nos haga más solitarios o distantes que nunca. Los instrumentos de comunicación son instrumentos, mejores o peores, pero lo común y lo permanente es que todos compartimos una honda sed de atención y escucha, y que necesitamos conversaciones de calidad.

¿NIVEL ACADÉMICO VERSUS IDENTIDAD CRISTIANA?

En la sociedad actual, la mayoría de las familias tiene una clara convicción sobre la importancia de proporcionar a los hijos una educación académica del mejor nivel posible. Muchas de esas familias suelen querer, además, que la escuela tenga una identidad y unos valores cristianos. Pero, si hubiera que contraponer una cosa con la otra, parece que la mayoría daría prioridad a lo académico. ¿Esa prioridad por lo académico… es un inconveniente para esas escuelas? Quizá no demasiado.

Las escuelas de inspiración cristiana transmiten una serie de valores e ideales de vida, pero deben hacerlo dentro del cumplimiento de la misión educativa que concierne a todas las escuelas. Es natural que las familias quieran que sus hijos acudan a escuelas de buen nivel académico, porque, por su propia naturaleza, es lo que debe esperarse de cualquier escuela. Y si esas familias quieren que, además, transmitan valores cristianos, ese deseo no debe oponerse a lo otro.

Cualquier escuela, sea o no católica, debe ofrecer una buena educación académica. Debe formar ciudadanos bien educados capaces de abrirse camino en todo tipo de opciones profesionales y en medio de todos los desafíos del mundo actual y futuro. La escuela de inspiración cristiana les hace además vislumbrar un sentido más elevado. Y será natural que su calidad como escuela atraiga a personas alejadas de la fe que luego, en los años de permanencia en sus aulas, tengan oportunidad de descubrir allí el atractivo de una propuesta cristiana.

En ese sentido, esas escuelas pueden y deben ser un excelente medio para hacer presente la fe en un mundo quizá alejado de ella. Un mundo que, con frecuencia, demanda ese espíritu a veces sin casi reconocerlo. La escuela de hoy necesita más que nunca de un esfuerzo humanístico, con buenos contenidos que afecten a lo más profundo de la persona. Tanto la asignatura de religión como la propia identidad cristiana de la escuela deben ser elementos decisivos en ese sentido. La religión aporta una propuesta antropológica anclada en la razón, y una idea de bien común que puede resultar iluminadora y atractiva tanto para creyentes como para no creyentes.

Como ha escrito Carlos Esteban Garcés[22], las finalidades de la educación siempre han sido de humanización y personalización. Sin embargo, en las últimas décadas se han debilitado estos enfoques y se ha impuesto una orientación un tanto utilitarista y hasta economicista de los procesos educativos. Esto ha significado una cierta decadencia de las humanidades y, como consecuencia, una

---

[22] En los próximos párrafos se glosan ideas de Carlos Esteban Garcés, Aceprensa, 25 febrero 2021, https://www.aceprensa.com/educacion/religion-en-la-escuela/la-religion-un-aliado-para-rehumanizar-la-escuela/

mayor fragilidad del saber religioso. Y precisamente por eso, en este contexto sociocultural es muy necesario un nuevo tiempo humanista que permita fortalecer lo personal en los procesos educativos.

Desde una antropología cristiana, la religión contribuye a despertar la dignidad humana de todos y a promocionarla en todas sus libertades y responsabilidades. El objetivo es que los estudiantes sean auténticamente personas, no simples elementos de bien preparados de un enorme mecanismo productivo social. Debemos aspirar a que cada alumno construya su identidad personal con los más altos valores y creencias que desarrollan plenamente lo humano y le permitan elevarse hasta lo trascendente.

La Iglesia ha estado siempre implicada en acompañar el desarrollo integral de las personas y los pueblos a través de la educación. Esos principios, que emergen del Evangelio, se plasman en medios y estructuras que se van transformando en los diversos contextos culturales. En esta evolución es donde, por ejemplo, la clase de religión ha pasado de ser una asignatura obligatoria a una opción de las familias; de una catequesis, a un saber escolar sobre lo religioso y el mensaje cristiano; de una iniciación cristiana a un elemento común de la formación integral.

El hecho es que hoy las democracias más avanzadas asumen que la formación religiosa forma parte de las finalidades propias de la escuela. Muchos de estos países, como los nórdicos o anglosajones, incorporan una formación sobre la religión sin depender de acuerdos entre la Iglesia y el Estado. Y en las mejores universidades del mundo (Harvard, Oxford o Cambridge, por ejemplo) hay facultades de teología como un saber equiparable a cualquier otro.

Los poderes públicos deben garantizar el acceso de todos a una educación integral que pueda incluir la dimensión religiosa. Un Estado aconfesional está llamado a cooperar con las religiones presentes en su territorio para articular esa garantía. Por otra parte, también debe proteger la libertad de las familias para elegir el tipo de educación que quieren para sus hijos, incluida la formación religiosa, pues solo en las dictaduras el Estado decide por las creencias de las personas o las familias. En ese sentido, tanto la escuela católica como la asignatura de religión deben abrir caminos y buscar un encuentro con todas las categorías culturales, de modo que con esas aportaciones contribuyen a una rehumanización de la escuela en toda la sociedad.

UNA PROPUESTA ABIERTA, NO UN COMBATE

Cada escuela puede y debe buscar su estilo propio, su propósito y su misión. Pero añadiría que, en mi opinión, no debe tender a construir ambientes demasiado protegidos o cerrados. No buscamos habitar en grandes fortalezas que se protegen del mundo moderno. Conocemos los riesgos de los diferentes ambientes adversos, pero también conocemos los riesgos de vivir de espaldas a las realidades sociales en las que, en el futuro, nuestros alumnos o hijos estarán completamente inmersos (si no lo están ya).

Queremos visualizar la fe de un modo abierto, no de resistencia, no defensivo. Una fe centrada en la realidad diaria que vivimos, con un pensamiento optimista, con una mirada de esperanza puesta en el futuro. La escuela de inspiración cristiana, en cuanto que también es una comunidad cristiana de fe, está llamada a ser casa de todos, portadora de la buena noticia del Evangelio, un lugar abierto donde acercarse a Dios y encontrar la fe. Nadie debería alejarse de ella porque se haya transformado en un entorno reservado y exclusivo solo para los más afines. Pienso que esas escuelas pueden ser un lugar donde confluir muchas personas que están en búsqueda, que se hacen preguntas, que anhelan encontrar un buen acompañamiento en sus vidas. Un lugar donde puede haber gente que camina a diferentes velocidades, unos más inquietos y otros más tranquilos, pero todos con respeto entre ellos y con los de fuera. Un lugar donde caben también quienes están allí con ciertas reservas, es decir, con una actitud de búsqueda en la que quieren ser fieles al Evangelio pero se cuestionan algunas cosas, o plantean algunas objeciones, o consideran que hay que abrirse a nuevos desafíos o nuevas respuestas.

La escuela debe acoger bien a esas personas. No somos gente que tiene respuesta clara y rotunda para todo. No podemos querer mostrarnos demasiado seguros y categóricos en todo momento, porque la acumulación de argumentos no es siempre el mejor camino. Las personas no quieren ser arrolladas por una batería de explicaciones. No suelen querer unas certezas incuestionables, porque no suele haber respuestas absolutas para las cuestiones complejas, y casi todas las cuestiones importantes son bastante complejas.

Cuando damos respuestas demasiado contundentes quizá simplificamos la realidad. Hay muchos aspectos de la vida y de la fe que están envueltos por la bruma, por la duda y la inseguridad. Si alguien está absolutamente seguro de que ha encontrado a Dios, o tiene respuesta perfecta para todas las preguntas, lo más probable es que sea un falso profeta que instrumentaliza la religión para sí mismo. Los grandes guías del pueblo de Dios, como Moisés, siempre dejaron espacio para la duda. La duda no es enemiga de la fe. Puede incluso ser parte de ella, motor de ella, impulso para nuestro crecimiento personal. La fe se abre camino junto a la duda, y en ese contraste y ese esfuerzo, se fortalece. A todos se nos pueden presentar preguntas sobre Dios, sobre su presencia en el mundo, sobre la Iglesia, sobre nosotros mismos. Gracias a que dudamos, profundizamos en la fe.

Dios ha preferido que sea así, quizá porque si fuera todo «demasiado evidente» estaríamos obligados a creer, y eso nos haría perder libertad. Sería una obediencia impuesta, no tanto una fe elegida y libre. Somos libres para creer, para buscar, para descubrir. Sensibles a la voz de Dios, pero no esclavos de ella. Dios ha preferido proponer y no imponer. Y eso siempre abre espacio para un sano margen de duda razonable. Y cada persona, cada escuela y cada familia deben saber gestionarlo.

La duda nos aleja de los dogmatismos. Nos aleja de esa actitud de considerarnos arrogantes poseedores de la verdad. Evita que seamos de los que piensan que no tienen nada que escuchar pero sí mucho que imponer. La duda nos hace más humildes. Nos hace conscientes de que somos vulnerables, de que no debemos ponernos demasiado como ejemplo, de que no tenemos el monopolio de la fe ni de la razón. Nos hace ver que no podemos dar recetas simples o consejos teóricos prefabricados. Nos recuerda que debemos hacernos preguntas y que no hay que estar siempre dando respuestas. Nos alienta a hacer presente a Dios en un mundo en el que a muchos les parece que está ausente. Nos hace comprender que somos unos humildes buscadores de la verdad, personas que comparten el tesoro de la fe, pero también su constante búsqueda.

Es importante cultivar un pensamiento que no esté solo buscando elementos que confirmen las propias ideas, sino que también se interese por las ideas que cuestionan o desafían nuestras certezas. Esto es útil para todo, también para quienes hemos abrazado una fe o un ideal de vida, porque si excluimos de nuestro análisis lo que incomoda nuestras convicciones, acabaremos por construirnos un mundo ajeno a la realidad. Si buscamos solo la compañía de los que piensan igual, y no nos interesan las preguntas nuevas, y nos refugiamos siempre en las respuestas viejas y seguras de siempre, acabaremos por convertir a Dios en un ídolo que debe someterse a nuestras ideas previas. Seríamos algo parecido a lo que decía André Frossard de los integristas franceses, que eran personas que estaban empeñadas en «hacer siempre la voluntad de Dios, lo quiera Dios o no lo quiera».

Un buen educador debe sentirse siempre inquieto, debe ser un constante buscador de respuestas. Debe estar abierto al descubrimiento, a la autocrítica, al cambio, a la evolución, al asombro. El buen educador nunca se identifica con esas actitudes que lo dan todo por sabido, zanjado y resuelto. No le satisfacen esas respuestas que, aunque quizá hayan supuesto avances o incluso hayan sido satisfactorias en otras épocas, ahora no sirven, o al menos ahora son bastante mejorables. Ser niño o ser joven significa vivir con interés, con una inacabable capacidad de asombro, que es lo contrario de lo aburrido, de lo tedioso, de lo que se da por supuesto. Un buen educador mantendrá siempre despierta esa capacidad de búsqueda de respuestas que inspira la vida de los más jóvenes.

Los educadores cristianos tampoco pueden ser como inquisidores que van condenando a los demás. Por supuesto que habrá que señalar en algún momento los errores que consideremos oportuno mencionar, pero con respeto, sin entrar en esas dinámicas de polarización tan frecuentes en algunos ámbitos creyentes, y que se dan igualmente en otros muchos espacios sociales como la política, el deporte, la cultura o las redes sociales. Hay demasiados defensores de un pensamiento sin fisuras, tanto desde un lado como desde el otro. Ambos extremos se atacan entre sí, y atacan también a quienes no se declaran de los suyos, porque enseguida los acusan de tibieza, ingenuidad, equidistancia, relativismo o falta de convicciones.

No sería positivo que esa polarización se trasladara a la escuela. Debemos desmarcarnos de esa beligerancia y no dejarnos encasillar, por ejemplo, en categorías de conservadores o progresistas. Tampoco debemos quedarnos en el cómodo análisis de que el problema es el relativismo y el secularismo exterior. Ni conformarnos con la fácil explicación del descenso de la práctica religiosa y las amenazas de la cultura dominante, cada vez más hostil. En vez de quejarnos, en la familia y la escuela debemos buscar modos de explicarnos mejor y crear más lazos de confianza. Y desarrollar la capacidad de comunicarnos con personas que piensan diferente, porque eso siempre mejora y fortalece las propias ideas. Saber ofrecer respuestas en un lenguaje que todos entiendan. No mensajes perfectos pero aburridos, de esos que requieren una gran abstracción, sino buenas respuestas a ese compromiso que debemos tener con los gozos y esperanzas, tristezas y angustias de las personas de nuestro tiempo.

La Iglesia católica es una institución planetaria y milenaria. Hay muy pocas instituciones de las que pueda decirse lo mismo, quizá ninguna. A lo largo de la historia, muchos han buscado o han predicho su desaparición en numerosas ocasiones, pero ahí sigue, creciendo, con casi mil cuatrocientos millones de católicos. Es una institución que evoluciona y que aprende, porque está inmersa en la cultura de su tiempo. A unos les parece que va demasiado despacio y a otros que va demasiado deprisa.

Hubo épocas en que la intolerancia religiosa y la imposición de un credo eran algo natural en toda la sociedad, y aún lo sigue siendo en muchos países, pero gracias a Dios ahora en la Iglesia ya no es así. Ahora esa intransigencia está quizá en otros, pues hay bastantes formas de intolerancia que se le quieren imponer y a las que la Iglesia se resiste y se opone con claridad.

Siempre habrá cuestiones en las que la Iglesia deba afinar su sensibilidad, porque no todo es tan obvio como a veces parece a las personas de cada época y cada cultura, y porque cada época y cada cultura tienen sus sensibilidades y sus desafíos, sus espacios de lucidez y sus espacios de ofuscación. Siempre será necesario que haya personas que protagonicen esos cambios, como las ha habido a lo largo de toda la historia. Voces discordantes, como las que lucharon por ejemplo contra la esclavitud, o contra la discriminación racial, o por el voto de la mujer, y que promovieron cambios y avances sociales que muchas veces supusieron una lucha de décadas o incluso de siglos.

Todo esto podría mejorar mucho si en la familia y en la escuela nos acostumbráramos desde pequeños a hablar, argumentar y debatir con rigor. Todos debemos esforzarnos por buscar la verdad, por discernir lo mejor, por liberarnos de los errores que albergan todas las culturas y todas las épocas. Luchamos para que el mundo avance y no retroceda, para que sane sus heridas. Y hay que hacerlo con paciencia, con honestidad, muy atentos a los signos de los tiempos, sin rendirnos, sabiendo hablar y sabiendo escuchar, sabiendo mantener la opinión y sabiendo rectificarla, sabiendo discernir lo que Dios espera de nosotros en cada momento concreto. Sin aficionarnos a las descalificaciones o a los veredictos implacables. Sin vociferar, escuchando las opiniones de otros. Siendo de los que acogen otros puntos de vista y buscan puntos de encuentro, no de los que creen que los que piensan de modo diferente son mala gente o tienen mala intención. Sin ser tampoco de los que escuchan siempre pero nunca se atreven a hablar ni a rebatir nada porque son un poco cobardes y no quieren pronunciarse. Y sin pretender encontrarse con una Iglesia repleta de personas perfectas, porque eso no existe, y porque, si existiera, quizá no les podría admitir a ellos, porque probablemente distan bastante de ser personas perfectas.

La obligación de ser valientes

Hemos hablado de no crearse enemigos, de escuchar y de evitar extremismos. Pero también necesitamos, al menos de vez en cuando, ejercitar la valentía, para educar y educarnos en el coraje y la audacia, que también son muy necesarios. Podemos recordar por ejemplo aquellos versos de Charles Mackay: «¿No tienes enemigos, dices? Una pena, amigo mío: ese alarde es vano. El que se ha mezclado en la refriega del deber, que soportan los valientes, debería haber hecho enemigos. Si no tienes ninguno, pequeño trabajo has realizado. Si a ningún traidor has escarmentado, si ningún zafio patán te ha calumniado, si ningún entuerto has enderezado, entonces... has sido un cobarde redomado»[23].

Si de nuestras escuelas salen los alumnos habiendo aprendido muchas cosas, pero sin valentía para luchar por aquello en que creen, quizá no hemos hecho bien nuestro trabajo. Si las personas se acostumbran a callarse ante lo que es injusto, o a agachar la cabeza ante lo arbitrario, o se dejan llevar por la corriente general, por el conformismo, por la inercia... acabarán siendo cobardes, aunque se disfracen de personas prudentes.

Una buena educación debe incluir una invitación expresa a la resistencia ante todo aquello que exige de nosotros una clara reacción. No se trata de ser un respondón ni un reivindicador compulsivo, pero tampoco lo contrario. Hay que saber discernir el momento para hablar y el momento para callar. Es un error quejarse ante todo y criticar todo (más aún si es con poco conocimiento y con opiniones precipitadas), pero es casi peor el otro extremo, de no tener el valor de decir aquello que deberíamos decir.

Cuando caemos en esa cobardía, es probable que nos vengan a la cabeza numerosas justificaciones. Pensamos

---

[23] Cfr. https://en.wikipedia.org/wiki/Charles_Mackay_(author) y https://www.bartleby.com/71/1517.html

que no es el momento, que no va a servir de nada, que será un conflicto inútil. O nos frena la preocupación del qué pensarán o qué dirán. Es verdad que muchas veces lo razonable es callar, pero la educación en la familia y la escuela debe incluir el entrenamiento necesario para tener el valor de decir o hacer en cada momento lo que consideramos necesario y oportuno decir o hacer. Hay veces en que sería una infamia callar, o quedarse parados, sobre todo cuando ejercemos una responsabilidad y hay gente que se fija en nosotros o nos toma como referencia.

Debemos empezar por no aceptar el doble discurso. No podemos decir a unos una cosa, y a otros otra cosa diferente y no muy compatible con la anterior. Debemos atrevernos a tener opinión propia en las cosas importantes, aunque a veces difiera de las opiniones dominantes en los colectivos en que nos movemos. Debemos ser críticos y no refugiarnos cobardemente entre las personas afines. No mimetizarnos siempre en la opinión común. No alinearnos siempre en las etiquetas de grupo. No permanecer anclados en el estereotipo y en los correspondientes prejuicios de nuestros grupos de pertenencia. Debemos enseñar a pensar, a profundizar, a hablar después de haber escuchado y haberse cuestionado la propia opinión. Y no es fácil.

Educar en la valentía tiene bastante que ver con la gestión de la dificultad y la ansiedad. El buen educador percibe el significado y la importancia que tiene administrar bien la dificultad. Un buen profesor comprende el sufrimiento de un niño o de un adolescente cuando tiene que sobreponerse a una limitación de su carácter, como por ejemplo hablar en público, o decir que no, o defender una opinión contraria. Un profesor inteligente es capaz de detectar esos momentos y sabe que el aprendizaje siempre tiene algo de esfuerzo y de superación. En realidad, el hecho de vivir es, en cierto sentido, superar dificultades. Y el profesor tiene que ayudar a enfrentarse con valentía a lo difícil, para dar paso así a desafíos positivos, a los riesgos y retos que llevan al crecimiento personal. Y en esto es importante que la familia, ante el alumno, sea siempre un apoyo del profesor, aunque luego esos padres vayan al colegio a decir lo que consideren oportuno.

Superar la dificultad siempre supone un punto de ansiedad. Si es demasiada, produce bloqueo. Si hay poca, produce pasividad y retraimiento. Una cierta dosis de ansiedad ayuda a realizar mejor cualquier actividad de aprendizaje, o a superar cualquiera de las pruebas que la educación trae siempre consigo. Un buen educador intuye cuándo una experiencia concreta resulta demasiado fácil o demasiado difícil para una persona concreta en un momento concreto. Y también intuye si es positiva desde un punto de vista educativo. Y con eso decide cómo actuar, para no ser demasiado blando ni demasiado exigente. Las dos cosas perjudican el aprendizaje de la valentía.

La identidad cristiana como fuerza inspiradora en la historia de la educación

Si miramos con atención la historia de la educación, podemos ver que la identidad cristiana ha sido la principal fuerza inspiradora de la escuela tal como hoy la conocemos. Nos ha hecho ver a cada alumno como portador de una especial dignidad, propia de alguien creado por Dios. El desarrollo de la enseñanza en occidente se ha construido sobre las grandes aportaciones de una serie de santos que abrieron camino a nuevas formas de entender la educación y de ponerla en práctica, porque no solo hicieron sabias consideraciones sobre cómo educar, sino que crearon numerosas instituciones que lo hicieron realidad por todo el mundo.

La escuela católica nació con un profundo sentido de misión y de servicio. Su desarrollo se fundamentó en el descubrimiento de Dios en el otro, en querer a todos, en un compromiso personal con los demás, en una labor transformadora de la persona y la sociedad. La escuela católica ha sido una gran historia de creatividad. La pedagogía se desarrolló en gran parte gracias a la experiencia práctica de quienes hicieron grandes aportaciones dentro de esa manera singular de entender a la persona.

Ignacio de Loyola, observando el fluir del río Cardener, en 1522 en Manresa, empezó a ver todo con ojos nuevos: toda la realidad atravesada por la corriente del amor, todo habitado por la ternura y la cercanía de Dios. Un amor que es generosidad, que es libre, que siempre tiene la mano tendida, porque hay que querer a cada uno como seres amados por Dios. No basta el liderazgo personal, es necesario el liderazgo de la luz de la fe y de la razón, de la esperanza y del amor. Dios es comunicación directa al corazón humano, nos ayuda a formar una familia humana unida y reconciliada en su pluralidad y su dignidad. Una tarea motivadora que busca la transformación de las personas y la sociedad. Aquella fuerza inspiradora hizo nacer toda una serie de centros de enseñanza que abrieron camino a la escuela tal como hoy la conocemos.

En 1597 se desborda el Tíber y la ciudad de Roma sufre una gran inundación, con más de 2.000 muertos. José de

Calasanz se multiplica atendiendo a los afectados. Le impresiona ver a miles de niños pobres sin escuela. En la sacristía de una iglesia del Trastevere comienza la primera escuela gratuita de Europa. Fue el inventor de la escuela abierta a todos, preferiblemente a los pobres, y de cualquier religión: las escuelas pías. Basadas en entender al niño como imagen de Dios: de ahí el principio de igualdad de todos. Ve al maestro como «cooperador de la verdad» que disipa las tinieblas de la ignorancia y libera al niño de la esclavitud intelectual y moral para alcanzar la felicidad.

Muy pocos años después, en 1607, en Burdeos, Juana de Lestonnac inicia a los 51 años la Compañía de María, la primera Orden religiosa femenina dedicada a la enseñanza. Se propuso empezar a escolarizar también a las niñas, algo que hoy nos parece lo más natural, pero que entonces no lo era en absoluto, y supuso un enorme avance para la dignificación de la mujer, hasta entonces completamente excluida de la educación formal.

En 1633, en París, Luisa de Marillac funda las Hijas de la Caridad, dedicadas a la atención y educación de los más pobres y necesitados. Aquel ideal de servicio en cualquier lugar donde haya una necesidad o pobreza se extiende con rapidez y pronto fue la congregación femenina con más escuelas en todo el mundo.

Un día de 1679, el P. Adrien Nyel pide ayuda a Juan Bautista de la Salle para iniciar una escuela gratuita en Reims. Llevado por su generosidad, se implicó en ayudar a su amigo en esa pequeña obra y finalmente pensó que Dios quería que iniciara otra fundación, basada en el sentido de familia y de comunidad, a la que dedicó el resto de su vida: los Hermanos de las Escuelas Cristianas.

Ese sentido de fraternidad potencia el crecimiento de las personas, ayuda a encontrar sentido a la vida, genera lazos afectivos y ayuda a la construcción de sueños comunes y compromisos transformadores.

El 28 de octubre de 1816, Marcelino Champagnat, un sacerdote de 27 años recién ordenado, acude con urgencia a la aldea de Les Palais y asiste en su lecho de muerte a un chico llamado Juan Bautista Montagne. El moribundo tiene 16 años pero nunca ha oído siquiera hablar de Dios. El joven sacerdote queda muy impresionado, pues comprende entonces que así deben estar miles de jóvenes, por falta de maestros, y gracias a aquel encuentro nace la congregación de los Hermanos Maristas.

Aquel mismo año, otro sacerdote francés, Guillermo José Chaminade, junto con Adela de Batz de Trenquelleon, fundan en Burdeos el Instituto de las Hijas de María Inmaculada, y al año siguiente, la *Societas Mariae*, conocida como la Congregación Marianista.

Es una historia que se repite constantemente, con múltiples protagonistas. Pocos años después, en 1859 en Turín, surge el «sistema preventivo» salesiano, que fue una respuesta visionaria de Juan Bosco, trabajando con chicos en situaciones extremas. Y poco después, en 1872, junto con María Dominga Mazzarello, comienzan las Hijas de María Auxiliadora, conocidas como las hermanas salesianas.

Muchas otras instituciones nacen para acoger a chicos y chicas en situaciones de mayor necesidad. El 6 de febrero de 1844, una chica joven de la alta sociedad madrileña visita con una amiga suya el hospital San Juan de Dios, donde están las prostitutas que caen enfermas. Aquel día, María Micaela se topa de pronto con el drama de estas chicas jóvenes, y lo descubre por la impresión que le produce una de ellas, «la chica del chal». Su historia le conmueve profundamente. Piensa que es necesario hacer algo para ayudarlas. Aquel desvelo culmina en 1856 con el comienzo de la Congregación de las Adoratrices, dedicadas a servir a mujeres en contextos de prostitución y otras situaciones de violencia, una institución que cuenta hoy con una gran red internacional de colegios.

Ya en el siglo xx, surge una nueva visión cuando Pedro Poveda funda en 1911 las primeras academias y residencias dirigidas a chicas que se preparaban para estudiar en la Escuela de Estudios Superiores de Magisterio. Se trataba de una misión inédita, solo un año después de que las leyes permitieran a la mujer acceder a la universidad. Ya no se trataba de crear escuelas dirigidas por una institución católica sino de preparar personas para presentarse a oposiciones y trabajar en la escuela pública. Con los ojos puestos en los primeros cristianos, invita a esas mujeres a humanizar la historia uniendo su esfuerzo al de quienes trabajan como funcionarios en esos centros de enseñanza.

En esa misma línea, Josemaría Escrivá introducirá un tiempo después otro enfoque innovador: impulsar la creación de centenares de proyectos de clara identidad cristiana pero promovidos y dirigidos de modo autónomo íntegramente por laicos. Un modo de actuar que responde al protagonismo de su libre iniciativa de los laicos resaltada por el Concilio Vaticano II[24]. Son personas que ponen en marcha proyectos educativos o asistenciales,

---

[24] Cfr. Decreto *Apostolicam actuositatem* sobre el apostolado de los laicos, 18.XI.1965, n. 24.

con plena secularidad y al tiempo con un claro afán evangelizador, empleando sus propias capacidades y recursos, y sin comprometer a ninguna estructura de la Iglesia.

Se podrían poner centenares de ejemplos de instituciones que a lo largo de la historia han nacido para atender todo tipo de necesidades en todo el mundo. Hombres y mujeres que, por ejemplo, fueron los primeros en escolarizar a las personas sin recursos. Los primeros en escolarizar a la mujer. Los primeros en ocuparse de las personas con discapacidad. Los primeros en escolarizar a los que nadie llevaba a la escuela. Y fue esa inculturación de la fe en la educación la que impulsó a muchas otras instituciones a desarrollar y compartir esos y otros ideales de misericordia y de ayuda.

Todas aquellas iniciativas arraigaron en pueblos y culturas muy diferentes, impulsadas por todos esos deseos de caridad y de servicio, y enmarcadas en un valiente deseo de evangelizar. La idea de la escuela como un servicio regulado y dirigido por los poderes públicos tuvo un desarrollo posterior, ligado a un momento histórico especialmente significativo, con motivo de la Revolución Francesa y la nacionalización de los bienes eclesiásticos en 1789. La Iglesia católica de Francia era titular de numerosas instituciones de caridad y de enseñanza, que se financiaban con las rentas que producían sus bienes. Al nacionalizarse todo ese patrimonio, la gestión de todas esas actividades de beneficencia y educación quedó encomendada al gobierno como un servicio público.

La educación pública emergió por entonces como un elemento decisivo para el nuevo concepto de Estado moderno, que desde el comienzo consideró muy importante dirigir esa gran red de escuelas para impulsar la integración de diferentes regiones dentro de una identidad o conciencia nacionales, o para asimilar los grandes colectivos procedentes de la inmigración. La consolidación del Estado se vinculó casi siempre a la creación de sistemas educativos nacionales, tanto con idea de formar profesionales para mejorar la gestión de la administración pública, como para asentar los valores ciudadanos que legitimaban su poder. La educación se mostró de pronto como un formidable instrumento de cohesión social y nacional. Fue el crisol que permitía fundir y asimilar culturas de diferente origen e integrarlas en una cultura común. Sirvió también para extender e implantar la lengua nacional hasta la última aldea de todo un territorio. De este modo, las sociedades occidentales emplearon el sistema educativo para transmitir los valores que la clase dirigente consideraba más necesarios o urgentes. Y a medida que avanzó la revolución industrial, también la escuela recibió la misión de suministrar los conocimientos precisos que demandaba el nuevo desarrollo económico y técnico.

La escuela de inspiración cristiana supo adaptarse a aquel enorme cambio de escenario mundial. Aceptó la irrupción de los poderes públicos en un ámbito donde antes no existía regulación alguna. Supo sumar sus esfuerzos a los del Estado para que la educación pudiera llegar a todos lo antes posible, y demostró la rectitud de su servicio en favor de todos.

IV.
VALORES CRISTIANOS Y EDUCACIÓN DEL CARÁCTER

El poder oculto de la amabilidad

«No hay prácticamente nada en este mundo que cueste menos y valga tanto como una palabra amable. Muchas de las cosas que hacen los seres humanos, y a un coste mucho mayor, no aportan ni la mitad de las bondades que se derivan de una sola palabra de afecto. Las palabras amables son una fuerza creadora, un poder que contribuye a construir todo lo que es bueno, una energía que derrama sus bendiciones sobre este mundo. Causan tanto bien a quien las pronuncia como a quien las escucha»[1].

Apenas existe un poder comparable al de las palabras y los gestos de amabilidad. Muchas veces, una simple

---

[1] Lawrence Lovasik, *El poder oculto de la amabilidad*, Rialp, 2015. En este epígrafe y en el siguiente se glosan algunas ideas de este sacerdote norteamericano.

palabra afectuosa lo cambia todo. Y al revés: muchos conflictos suelen empezar por una palabra inoportuna, por pequeños malentendidos que se complican más con los intentos torpes y poco amables de resolverlos.

Y si pensamos en la educación, tanto en la familia como en la escuela, es natural que estemos más dispuestos a aprender de quien nos manifiesta afecto, y no tanto de quien muestra antipatía o indiferencia. El afecto del buen educador, del buen profesor, se manifiesta en la ilusión en hacer comprender amablemente a otros, en poco tiempo, lo que a él le ha costado mucho llegar a aprender. Y ese lenguaje de la caridad debe ser una de las primeras manifestaciones de la identidad cristiana de cualquier tarea educativa. Todos respondemos mejor ante un trato cordial y amigable. Ante un profesor, o un padre o una madre, que saben decir en el momento oportuno: «estoy orgulloso de ti». O que, en vez de dar sentada una idea, pregunta antes: «¿tú qué opinas?». O que, en vez de dar una orden, sabe poner delante un «si te parece». O que, cuando recibe un servicio, por pequeño que sea, sabe decir «gracias». Todo eso son pequeños detalles que manifiestan buena educación y aligeran la pesadumbre del vivir.

Para educar bien hay que ser educados, y si un educador sabe mantener siempre una actitud de deferencia y consideración con las personas, tendrá mayor capacidad de educar. Una palabra amable puede transmitir más alegría que muchos bienes o placeres materiales.

La felicidad sigue de cerca a las palabras amables, que disipan inquietudes y amortiguan el mal humor. La cortesía alienta, la indiferencia desalienta. Muchos se han rendido porque no encontraron quien supiera manifestarles a tiempo el debido reconocimiento. Todo el mundo necesita sentirse valorado, recibir en algún momento una palabra de alabanza o un comentario afectuoso que le anime a seguir adelante. Por eso debemos preguntarnos cuántas veces, en la vida del aula, en el claustro de profesores, en la familia, demostramos cordialmente el aprecio que todos necesitan, de modo que nadie experimente la amargura de la soledad. Con solo que te digan de corazón que estás haciendo un buen trabajo, que advierten tu buena intención, que valoran tu esfuerzo o tus pequeños logros, eso anima a hacerlo aún mejor. Sería una notable falta de conocimiento del corazón humano pensar que los demás cumplen con su deber sin esfuerzo ni dificultades.

No hace falta prepararse mucho. Siempre hay ocasiones de reconocer el esfuerzo o la generosidad de otros. Lo importante es no perder esas oportunidades de iluminar la vida de los demás. Lo mejor son las palabras sencillas y espontáneas, esas que salen de modo natural, que se dirigen al corazón. Y no se trata de halagar de modo falso, queriendo crear un sentimiento positivo pasajero, sino reconocer con sinceridad, de modo desinteresado, que estás valorando lo que él o ella hacen.

Cuesta bien poco llevar alegría al corazón de otra persona. Una frase, a veces una simple sonrisa o una mirada de afecto, pueden disipar las tinieblas del abatimiento o la tristeza, transmitir luz y optimismo. Y te llenan de alegría tanto a ti como a quienes te rodean. Todo eso tiene un poder extraordinario, llega más a las personas que la elocuencia o la sabiduría, siempre que no falte el silencioso lenguaje del buen ejemplo, que habla más alto aún que las palabras. Las alegrías más intensas de la vida vienen cuando provocan felicidad en los demás.

Hay otro aspecto bastante relacionado. Las personas amables se quejan poco. Quejarse cansa, a uno mismo y a los demás. Además, suele resolver poco. Y con facilidad intoxica el ambiente. Es cierto que todos tenemos que soportar situaciones que consideramos injustas, o personas que nos agotan, o cuestiones que nos contrarían, y es normal que a veces nos quejemos. La queja puede ser un primer movimiento natural. Pero quejarse de modo habitual es agotador, para el propio interesado y para quienes lo escuchan. Especialmente si uno se queja por todo. O ante quien no tiene culpa. O ante quien no tiene capacidad para resolver el problema. Por eso el quejica suele ser desesperante, y además él mismo se desespera. Produce psicologías pesimistas, personas amargadas que no paran de explicar con detalle lo mal que está el mundo y todo lo que se nos viene encima. Una actitud pasiva que muchas veces esconde las propias perezas o torpezas.

A veces la queja se deriva hacia la época que nos ha tocado vivir, y tendemos a culpar de nuestros problemas a la cultura de la sociedad en que vivimos. No nos faltarán motivos para hacerlo, pero quizá debemos fijarnos sobre todo en qué podemos hacer nosotros para resolverlo, aunque solo sea un poco. Es más práctico pensar en cómo superar nuestra propia mediocridad, o cómo educar mejor, o cómo tener un mayor coraje evangelizador, en vez de lamentarnos tanto de nuestro entorno vital. No seamos gruñones, ni profetas de

166

desgracias, ni promotores de miedos exagerados: basta ver, por ejemplo, que muchas personas viven en escenarios más difíciles y son personas esperanzadas y alegres. «Es preciso saber soñar y saber arriesgar en la vida: la vida es lucha, es rechazar la eterna adaptación a la mediocridad. Por eso he aconsejado muchas veces a los jóvenes que hablen con los mayores. Si la gente mayor sabe soñar, los jóvenes podrán profetizar. Y, si los jóvenes no profetizan, a la Iglesia, a la sociedad entera, le faltará el aire»[2].

El espíritu cristiano se manifiesta también, por ejemplo, a la hora de salir en defensa de alguien que es atacado, tanto si está presente como si está ausente. A veces, el mejor servicio o la mejor caridad que se puede hacer a las personas es tener el valor de cortar la corriente de la murmuración o del descrédito.

Para generar un clima positivo y sereno allá donde estemos, debemos evitar las palabras hirientes, y debemos evitar con rotundidad, en nosotros y en los demás, esa tendencia a provocar la risa de los demás a costa de la buena fama de otros. Hemos de aprender a ser comedidos cuando estemos molestos o enfadados. Aprender a no divulgar lo que no debe ser divulgado, a callar lo que sabemos sobre los defectos del prójimo, salvo que tengamos una razón importante y proporcionada. Aprender a no soltar la lengua sin pensarlo, a no transmitir irritación ni rencor, a no dejarse dominar por el mal humor, a no juzgar con severidad.

---

[2] Papa Francisco, *Esperanza. La autobiografía: Memorias del papa Francisco*, Plaza&Janés, 2025, p. 224.

Para que todo eso suceda en nuestra acción externa, hemos de empezar por hacer acopio de pensamientos amables en nuestro interior. Ese ejercicio, hecho de modo habitual, tiende a disculpar a quienes nos irritan o nos caen peor, y hará que mejore nuestro comportamiento exterior y, con él, todas nuestras relaciones personales. Un superávit de pensamientos positivos hará más positivas nuestras palabras y nuestras acciones:

«Cuando estés solo, cuida tus pensamientos.

Cuando estés con otros, cuida tu lengua.

Cuando estés enfadado e irritado, cuida tu temperamento.

Cuando estés en conflicto, cuida tus emociones.

Cuando estés triunfando, cuida tu vanidad»[3].

Y ya que hablamos del sentido cristiano en la educación, podríamos referirnos a la necesidad de rezar por los demás. Si rezáramos por las personas que nos resultan antipáticas, en vez de pensar tanto en sus defectos, evitaríamos muchos conflictos y nuestra vida sería bastante más feliz. Y a lo mejor así veríamos que también necesitamos rezar por nosotros mismos, para que Dios nos ayude a ser más comprensivos y pacientes, nos inspire palabras de aliento y quizá un tono más cordial a nuestra voz tantas veces demasiado severa.

---

[3] Marian Rojas Estapé, 2.IX.2018, https://x.com/drarojasestape/status/1036284458268278785

El carácter y el sentido cristiano de una persona aparecen claramente reflejados en el ejercicio que hace de la autoridad. Y puede decirse que una persona manifiesta su grandeza o su pequeñez en el modo en que trata a quienes están bajo su autoridad, o a quienes le parece que son o tienen menos que él.

Lo propio de la autoridad entendida como servicio es conducirse con sencillez, visualizar en cada momento que es un modo de servir a la misión encomendada y no un ejercicio de sometimiento o de arbitrariedad. Y si pensamos en una escuela o familia de identidad cristiana, es interesante recordar las palabras de Benedicto XVI al inicio de su pontificado: «Mi verdadero programa de gobierno no es hacer mi voluntad, no es seguir mis propias ideas, sino ponerme, junto con toda la Iglesia, a la escucha de la palabra y de la voluntad del Señor y dejarme conducir por Él»[4].

Es natural que al educar tengamos un plan, un programa, un propósito. Pero, por encima de todo eso, está el deseo de que cada uno descubra y siga su propio camino. Educar no es que sigan nuestras propias ideas, ni nuestra propia voluntad, sino que les ayudemos a encontrar el sentido y la misión de su propia vida, que les ayudemos a ser capaces de comprometerse con su propio camino personal. Es verdad que para hacer posible

---

[4] Benedicto XVI, homilía inicio pontificado, 24.IV.2005, http://www.vatican.va/content/benedict-xvi/es/homilies/2005/documents/hf_ben-xvi_hom_20050424_inizio-pontificato.html

esa educación será necesario contar con una exigencia, con una disciplina, con el ejercicio de una autoridad, pero precisamente por eso debe ejercerse con un especial sentido de servicio y no con arrogancia ni con un sentido dominación o de poder.

La autoridad se malogra cuando se habla o se actúa como si la autoridad llevara asegurado un conocimiento, una prudencia, una capacidad y un juicio perfectos. La autoridad necesita reconocer las propias deficiencias y limitaciones, debe reconocer la necesidad de pedir consejo, de compartir la responsabilidad, de delegar, de confiar en los demás. Y debe reconocer la necesidad de dar ejemplo, porque todos tenemos sed de autenticidad y de rectitud, y por eso seguimos a quien da testimonio de algo que realmente vive.

Por ejemplo, es buena estrategia preguntar y situarse lo mejor posible antes de impartir órdenes directas. Y suele ser preferible implicar a otros en las decisiones que tomamos, en vez de actuar siguiendo nuestro único criterio. Y no hablar de modo que pongamos a las personas a la defensiva, es decir, hemos de procurar no poner a su amor propio en contra de lo que les decimos. Hemos de actuar de modo que todos sientan que nos importa su reputación, también la de quienes se han equivocado. Y actuar de modo que no hagamos innecesariamente incómodo obedecer. Mandar de modo que nadie perciba que sus sentimientos han sido maltratados. Corregir con tacto, procurando no censurar la actuación (sea un niño o un adulto) en presencia de terceros. Ejercer una autoridad que siempre encuentra unas palabras amables, que muestra reconocimiento a quien ha hecho algo elogiable, que sabe poner oportunamente a alguien como ejemplo ante los demás. Todo eso puede ser lo que más mueva a las personas a seguir mejorando.

Cuando se trabaja a largo plazo en educación, se suele conseguir más con el tono suave del elogio que con las notas más severas de la corrección. Es indudable que la educación requiere a veces corregir, pero la corrección debe proceder del afecto y ser administrada con oportunidad e inteligencia. Porque quizá demasiadas veces corregimos, no tanto por el error cometido, sino por la irritación o la molestia que ese error nos ha causado, y entonces, en lugar de corregir esas faltas o equivocaciones, lo que realmente hacemos es desahogar nuestro mal carácter. Y sabemos de sobra que la corrección precipitada o malhumorada pierde eficacia o incluso puede ser contraproducente.

Al corregir, siempre hay que pensar en la reacción que generará en la otra persona. Si sabemos decir las cosas con afecto y con prudencia, lo que decimos suele ser admitido y agradecido. Aunque a todos nos cuesta aceptar las correcciones, todos deseamos saber qué efecto produce en los demás lo que nosotros hacemos. Solemos desear recibir un *feedback* que nos haga mejores. Por eso, una corrección que se perciba como agresiva o humillante será poco eficaz o incluso causará un resentimiento. Es mejor corregir empezando por reconocer lo positivo, porque siempre es más fácil escuchar lo desagradable después de haber escuchado un elogio. Y hablar con tacto sobre los fallos, sin ser demasiado enérgicos o expeditivos. Sin miedo a admitir también los propios defectos, pues no corregimos desde un estatus de perfección. Y corregir

171

mostrando que ese defecto se puede enmendar y que deseamos que lo haga.

Quienes tienen autoridad deben ser especialmente receptivos a las observaciones o correcciones que les hagan, y por eso deben contenerse para escuchar sin interrumpir el *feedback* que reciban, hasta que quien habla haya podido decir todo lo que piensa. E incluso es recomendable pedirles que se extiendan más, para que no dejen nada sin explicar. Esa paciencia y esa receptividad facilitará que nos sigan diciendo lo que necesitamos saber. Nos dará la serenidad de sentir que tenemos quien nos diga amablemente las cosas. Y veremos también que no es fácil corregirse, y eso nos ayudará a entender mejor a todos y nos ofrecerá la oportunidad de pedir ayuda a Dios para saber cómo mejorar.

Aunque al principio podamos considerar inadecuada la crítica que nos hacen, conviene reflexionar sobre lo escuchado. Aunque quizá en alguna ocasión concreta haya sido inoportuno lo que nos han dicho, o incluso equivocado, hay que agradecer a quien nos habla que haya tenido el coraje y la lealtad de decirnos eso a la cara. Si no reaccionamos bien, perderemos futuras oportunidades de recibir *feedback*, y eso sería una verdadera lástima.

La autoridad debe estar siempre impregnada por un sentido de servicio. Cada uno de nosotros, en nuestro trabajo, intuimos que nuestra propia satisfacción depende de las contribuciones valiosas que hagamos al bien general. Lo valioso, para nosotros y para los demás, es lo que podamos ofrecer, lo que podamos servir. El que tiene mucho que ofrecer y que servir, es valioso. El que no tiene esa capacidad de servicio hacia lo común, no tiene nada que

172

ofrecer, no sirve. En ese sentido se podría decir que la naturaleza humana reclama espontáneamente ofrecimiento y servicio. La condición libre es la de quien se convierte espontáneamente en ayuda.

GENERAR COMUNIDAD Y CAPACIDAD DE ENCUENTRO PERSONAL

Nuestra capacidad de educar, de acompañar, de crecer como personas, depende mucho de que logremos generar un ambiente que estimule y desarrolle lo mejor de cada uno de nosotros. Por eso buscamos educar para el encuentro personal, de modo que la escuela sea un lugar de encuentro con los compañeros y los profesores y los alumnos y sus padres. Y lo mismo en cada familia. Un lugar donde todos se sienten valorados y queridos, donde todos crecen como personas. Un lugar que irradia proximidad, cercanía, atención. Un lugar donde encontrarse con personas buenas que nos ayudan a sopreponernos a las embestidas de la vida[5].

El futuro de la siguiente generación depende mucho del espíritu y la ilusión con que los niños van cada día a la escuela, y del modo en que vuelvan cada día con ilusión a casa.

Los encuentros son la gracia de la vida, aquello que recibimos como regalo, lo que hace agradable algo, lo que llena el corazón, lo que cambia todo. La narrativa de nuestra vida se construye sobre los encuentros más

---

[5] En este epígrafe se desarrollan algunas ideas de Josep Maria Esquirol, *La escuela del alma. De la forma de educar a la manera de vivir*, Acantilado, 2024.

relevantes, en la familia, la escuela, el trabajo: debemos cuidarlos mucho.

El encuentro con otros hace madurar nuestra identidad, nos transforma, nos hace descubrir cómo queremos ser, descubrimos en otros lo que nosotros aspiramos o estamos llamados a ser. Una casa o una escuela lo son verdaderamente si hay personas que generan ese calor del encuentro personal, si se cuida de las personas, si se forma una comunidad humana que nos ayuda a todos a crecer.

Aquí podría hablarse también de lo que contribuyen a esto el juego y el deporte. No hace falta ser muy bueno en ellos. Detrás de cada pelota que rueda hay un chico o una chica con sus sueños y sus aspiraciones. Están ahí con toda su personalidad, incluso en sus aspectos más profundos. Es una gran oportunidad para aprender a dar lo mejor de nosotros mismos, sacrificándonos si es preciso, sobre todo si es en equipo. La gracia está en que se juega con los demás: pasar el balón, aprender a construir acciones y estrategias, crecer como personas y como equipo, aprender a ganar y a perder, a respetar unas normas. Todo eso invita a compartir la amistad, a reunirse en un espacio concreto, a mirarse a la cara, a medirse para poner a prueba las propias habilidades.

Cualquier comunidad humana debe cuidarse a sí misma y debe también colaborar en hacer un mundo mejor. La escuela y la familia deben ser un espacio que ilumina todo su entorno, que esparce a su alrededor el polen del saber y del sentido, que germina por todas partes. El adulto acompaña al niño a descubrir el mundo, cuidarlo, disfrutarlo, hacerlo mejor. Contagia su deseo de conocerlo y transformarlo. Tiene ese anhelo muy dentro y lo comparte y lo confía al hijo o al alumno.

El profesor hace del alumno su confidente, porque el profesor también estudia, y transmite al alumno su deseo de saber más y saber mejor, para hacer un mundo mejor. Por mucha que sea la presencia de las cosas del mundo, nunca igualan al deseo de saber que genera la presencia un buen educador. Su influjo se mantiene también en su ausencia, y los alumnos lo recuerdan incluso cuando son mayores.

La valía y el compromiso del profesor generan una autoridad que el alumno reconoce y acepta de buen grado: porque se basa en un discernimiento previo de la confianza que merece esa persona. Reconocen esa autoridad cuando perciben que les ayuda a crecer como personas y les hace sacar lo mejor de sí mismos.

El buen educador conoce y gestiona la singularidad de cada uno. Se dirige y trata a todos, les dice quizá casi lo mismo, pero a cada uno de manera diferente. Lo importante no es tanto que entre ellos sean diferentes, sino que cada uno es alguien, y alguien que siempre puede crecer. Con su trato, el profesor confirma a cada uno que no es simple elemento de un colectivo (familia, aula, sociedad...). Les ayuda a forjar su propia identidad, a adentrarse en su propia singularidad, a buscar un sentido propio a la propia vida, a confrontarse con la propia dignidad de persona única e irrepetible.

Es verdad que hay contextos sociales complejos, hay dificultades, hay vulnerabilidad... pero precisamente ese reconocer a cada uno como persona, una persona que busca sentido para su vida, nos ayuda a sobreponernos al destino, a no dejarnos llevar por la fatalidad, a responder por uno mismo. Decir «si quieres, puedes» es una ingenuidad cuando se repite como un eslogan general, pero tiene sentido cuando lo dice el buen educador, de tú a tú, con conocimiento y convencimiento, porque no somos títeres del destino, ni simple resultado de las circunstancias: los humanos afrontamos las situaciones y buscamos tomar las riendas de la vida.

La primera educación es ante los propios ojos: nada paraliza más que el sentimiento de inferioridad. La primera ayuda es restablecer su confianza y su dignidad dañadas. Los buenos educadores generan autoconfianza y seguridad, les hacen sentirse significativos ante los demás. Contagian y despiertan interés, porque siempre es la mirada ajena la que te ayuda a crecer. Se suceden las nuevas preguntas y respuestas, cada vez más interesantes, porque el mundo es admirable e inabarcable.

La vocación del docente es estar apasionado por el saber y apasionado por sus alumnos. No quiere moldearlos. Quiere que crezcan libres, que admiren la belleza y el conocimiento, que amen la verdad y el bien. Que resistan la propaganda y el adoctrinamiento. Que conecten con los demás y con el mundo. Educamos la atención para que puedan centrarse en los otros, para tener una mirada más madura y personal.

El recuerdo de la belleza de esos gestos acompaña a las personas durante toda su vida. Les aporta un sentimiento de gratitud por la luz de esas personas que han conocido. El recuerdo de personas queridas y admiradas que alimenta el combate que libramos todas las personas y que hará que el mal no tenga la última palabra.

Educación y frustración

La formación y el acompañamiento siempre conllevan una cierta frustración. Será siempre así, porque la persona siempre puede ser mejor. Esa insatisfacción es lo natural en cualquier proceso de crecimiento personal, consecuencia de la grandeza de las aspiraciones humanas. Todos experimentamos cada día muchas veces la frustración de la distancia entre lo que esperamos y lo que logramos. Cuando lo gestionamos con buen humor y enseñamos a vivirlo así, el ambiente nos ayuda a todos a crecer. Si no, nos enfadamos, nos quejamos y patologizamos esa experiencia.[6]

No basta tolerar la frustración, hay que aprender a gestionarla bien. Un niño que está aprendiendo a andar y se cae… puede levantarse, ver la mirada de su madre y volver a intentarlo de buen humor… o enrabietarse… gestionará su frustración según qué gesto lea en el rostro de los adultos. Por eso debemos preguntarnos qué ven en nosotros sobre cómo gestionamos cada contrariedad o cada conflicto o cada decepción.

Cada error puede ser un paso que nos empuja al fracaso, o bien un paso que nos hace aprender más y nos acerca al éxito. En cualquier relación personal siempre hay frustración, que puede llevarnos al desastre o al crecimiento. Por eso hay siempre una oportunidad educativa tanto en el buen resultado como en el malo, tanto en el cero como en el diez, sea de un alumno, de un hijo, o de

---

[6] En este epígrafe se desarrollan algunas ideas de José Víctor Orón, *El arte de vivir como persona*, 2024.

quien sea: debe ser el principio de una conversación personal de crecimiento.

Para gestionar la frustración es esencial aprender y enseñar a reconocer las emociones, tanto las propias como las ajenas. Los sentimientos no son como unos alienígenas que nos poseen y nos manejan. Expresan la complejidad de las relaciones personales y nos invitan a reflexionar sobre cómo vivirlas mejor. Por ejemplo, es natural que haya discrepancias. Pero lo ideal no es acabar con las discrepancias, sino aprender a gestionarlas para hacer juntos algo mejor. Si nos valoramos como personas, no buscaremos que los demás piensen como nosotros, sino cómo mejorar nuestro propio pensamiento con el pensamiento de los demás.

Por eso es tan decisivo el encuentro personal. Cuando no se ven personas alrededor, lo normal es que triunfen el egoísmo y los instintos, el campo más fértil para las adicciones. Entonces, los impulsos pugnan entre sí, buscando la autosatisfacción de cada deseo, y eso desencaja y rompe a la persona: se busca el dominio del poder, el dominio emocional o el dominio sexual. En cambio, cuando se aprende a ver personas, la educación y el respeto fluyen de modo natural. Por eso se dice que es educada la persona capaz de relacionarse sin prepotencia con el humilde y sin servilismo con el poderoso. El pobre se siente persona cuando otro descubre valor en él. El poderoso se siente persona cuando comprueba que no se le quiere por su riqueza o su poder.

Lo mismo podría decirse del ejercicio de la autoridad. Si se manda buscando el crecimiento del otro, entonces, quien obedece (sea hijo, alumno o trabajador) entiende que obedecer en eso le enriquece como persona, y por tanto busca hacerlo con un plus de calidad. Si al mandar vemos personas, tendremos en cuenta las opiniones de todos y, aunque haya objetivos que cumplir, el principal objetivo será que todos crezcamos juntos como personas.

Para generar ese trato personal es fundamental el perdón, el agradecimiento y el servicio: son tres grandes claves del actuar humano, que nos abren el camino para convivir en paz. Unas palabras y gestos que contienen una fuerza enorme para proteger la familia y la escuela, incluso en medio de los mayores problemas. Su ausencia, en cambio, nos lleva al rencor, la ingratitud y el egoísmo, que es lo que más nos deshumaniza.

Al decir «gracias», reconocemos que hablamos a una persona que, aunque le hayamos pagado ese servicio, ha puesto algo suyo personal: ella misma, su atención personal. Además, si lo pensamos un poco, todos tenemos por fuerza que ser agradecidos, porque casi todo lo que tenemos lo hemos recibido, nos ha venido dado. Quien afirma que no debe nada a nadie, o que a él no le han regalado nada, está haciendo un recuento superficial y cayendo en una forma de ingratitud, tanto si lo hace un hijo respecto de sus padres, un ciudadano respecto de su país, o una sociedad entera respecto de sus mayores. Cuando falta la gratitud, todo son exigencias y conflictos.

Junto a la gratitud, el perdón. Al perdonar, reconocemos que la persona es algo más que sus errores, y gracias a eso no nos quedamos atrapados en la ofensa, sino que logramos superar el rencor y el victimismo. El perdón posee un enorme valor educativo. El perdón transforma el dolor en agradecimiento: el perdonado se siente agradecido, y el que perdona se siente liberado de una pesada carga de resentimiento. En cambio, donde no se pide perdón, falta el aire para respirar. Solo el perdón libera del todo a las víctimas del poder de sus ofensores, rescatándolos, y no por renunciar a la satisfacción de la justicia, ya que perdonar no es indulto ni amnistía, sino porque rompe la nefasta cadena de rencor con que estaba atada la víctima al ofensor. Quizá por eso el padrenuestro insiste en el perdón de las ofensas, porque quien reconoce haber cometido una falta, y desea repararla, se hace digno de perdón. Así es como se detiene el círculo vicioso del agravio y el rencor. Si no perdonamos, no seremos perdonados. Si no hacemos un esfuerzo para amar, no seremos amados. Es el Evangelio quien introduce rotundamente en las relaciones humanas la fuerza del perdón. En la vida, no todo se resuelve con la justicia. En el perdón es donde podemos frenar el avance del mal: alguien tiene que amar más para así retomar una historia de reconciliación. En cambio, el mal de la venganza trae consigo su propia venganza: si no se interrumpe esa cadena, al final nos enreda y nos hunde con ella.

A su vez, el sentido de servicio es lo que da sentido a la virtud. Por ejemplo, la perseverancia no es simple constancia, sino que debe ser constancia al servicio de una buena causa. Eso es lo que distingue la perseverancia del ofuscamiento, o lo que diferencia la santidad del fanatismo. La diferencia es servir a otros en vez de servir al propio egoísmo. La diferencia es lograr ver en los demás a personas con toda su dignidad y verse llamado a servirlas, no a dominarlas ni poseerlas. La diferencia es ocuparnos realmente los unos de los otros. Un mundo que mira al futuro sin esa mirada de servicio será un mundo miope. Será capaz de ofrecer muchas cosas, pero no para todos, serán solo para unos pocos. Habitaremos en la misma casa, pero sin calor de familia. A lo mejor tendremos un presente, pero no un mañana. Nos creeremos libres, pero seremos esclavos.

Nadie se sabe persona si no es tratado como tal. Nadie vive como persona si no trata a los otros como personas. Cuando un educador sobreprotege, dificulta que el educando pueda aprender a gestionar la tensión de la vida. Y si muestra indiferencia, probablemente tampoco enseñará a gestionar esa tensión más allá de la búsqueda del propio bienestar.

Hay que procurar comprender a todos, pero no hace falta llegar a comprender perfectamente a cada persona, basta lograr ayudarla gracias a una mejor relación con ella. Lo mismo puede decirse de la relación con uno mismo, que en bastantes casos es la más tormentosa de todas.

La capacidad de encuentro personal permite formar buenos equipos humanos y que no se formen esos «reinos de taifas», siempre recelosos de que nadie entre en el propio territorio. Las buenas relaciones humanas nos hacen desear que haya otros que vean lo que hacemos, deseamos recibir *feedback* para ayudarnos entre todos a mejorar y crecer. Buscamos dinámicas de mejora y de servicio, no ámbitos cerrados de exclusividad.

No debemos ser una suma de intereses particulares en el que cada uno participa por sacar una ventaja propia, un simple *win-win* individual. Debemos aspirar a formar una comunidad de personas que buscan el bien común de la convivencia compartida con un alto sentido de misión. Sentir que tenemos las espaldas cubiertas, que nos dicen lealmente cómo podemos mejorar, y que lo hacen con afecto y respeto. Que nuestro trabajo, nuestras palabras y nuestra vida personal proyecten una clara unidad de vida y sean un ejemplo para todos. Con una buena educación, se aprende a humanizar el mundo y transformarlo para el encuentro personal y, al transformarlo, nos transformamos también nosotros.

Personas con tacto, que conocen bien el corazón humano

Cualquier proceso de enseñanza requiere un trato personal, y por tanto requiere tacto. Un tacto que es inteligencia interpretativa, intuición moral práctica, sensibilidad, receptividad, capacidad de improvisación... y siempre afecto, cariño a las personas[7].

Ser personas con tacto supone saber detenerse ante cada persona, saber interpretar su estado emocional: hacer hablar, empatizar, situarse. Supone un esfuerzo por saber cuándo intervenir y cómo hacerlo, saber improvisar, saber resolver situaciones incómodas.

A veces hay que actuar, pero otras veces tenemos que saber contenernos y no actuar. Observando el comportamiento y el entorno, intuimos cuándo es mejor dejar pasar algo, cuándo es mejor no decir nada, cuándo no intervenir o cuándo incluso es mejor desaparecer de la escena. Una forma importante de contenerse es la paciencia, la fortaleza de saber esperar el momento oportuno. Charles Péguy decía que esperar es lo más difícil, porque

---

[7] En este epígrafe se desarrollan algunas ideas de Max van Manen en *El tacto en la enseñanza*, Paidós, 1998.

lo más fácil es desesperar o desesperarse. A veces resulta difícil a los adultos contenerse cuando el niño parece no saber hacer algo, o se equivoca, o lo hace con una lentitud exasperante. El adulto se suele sentir tentado a intervenir, a ayudar, a hacerlo él y del modo que él considera mejor, cuando quizá lo mejor es que el hijo, o el alumno, aprenda a resolver aquello por sí mismo. Comprender cuándo hay que dejar pasar las cosas, cuándo conviene «no darse cuenta», o dar un paso atrás, cuándo prestar atención o mejor retirarse, es un don para el desarrollo del niño. Unas personas tienden a intervenir demasiado y otras tienden a no decidirse a hacerlo. Cada uno se debe conocer y saber en qué sentido tiene que poner esfuerzo para acertar.

Tener tacto supone hacerse cargo de los miedos y las inquietudes que agitan el interior de las personas. Miedos que pueden ser completamente infundados, pero no por eso subjetivamente reales para el niño. Ser comprensivos con sus estados de ánimo, con sus altibajos adolescentes y sus actuaciones no siempre acertadas. Aunque muchas veces no logramos entenderles, sabemos que necesitan que les apoyemos, que nos vean abiertos y comprensivos con ellos.

Muchas veces los profesores no nos damos cuenta de cómo influimos en nuestros alumnos, incluso en los momentos que menos imaginamos. Lo notamos luego, a veces por detalles muy pequeños. Por eso el adulto necesita habilidad y empatía para no criticar prematuramente, para encontrar el modo de motivar incluso a quienes parecen más difíciles.

Muchas veces percibimos cuánto es un alumno de vulnerable, y comprendemos que tenemos que hacer algo diferente para poder ayudarle. El buen educador sabe ser flexible y creativo para resolver esas situaciones. Por ejemplo, cuando alguien tiene una actuación poco oportuna, o queda en ridículo porque ha perdido el control, o ha fracasado en algo, por la razón que sea, el buen profesor sabe intervenir a tiempo para protegerlo y salvar esa situación embarazosa, haciendo un comentario oportuno o cambiando de tema sin dejar que se prolongue ese momento desagradable.

Hacer llevadero lo difícil es también un arte que se aprende y se enseña. Tener la habilidad para rescatar a alguien de una situación vulnerable sin presentarse como superior, sin pretensiones de salvador, sabiendo retirarse pronto y dejando una salida digna, todo eso suele ser una pequeña cosa para quien ayuda, pero es un asunto de gran importancia para quien está a punto de sufrir una humillación. Es frecuente que los adultos estemos demasiado ocupados en nuestros asuntos y no sepamos percibir lo que en esos casos sucede en el interior de un niño o un adolescente. Para eso es preciso conectar con ellos a un cierto nivel de cercanía, aunque siempre con respeto a su espacio personal.

Los adultos suelen sentirse receptivos y compasivos cuando perciben la vulnerabilidad de sus hijos o sus alumnos. Su indefensión y su debilidad hacen que el adulto se sienta responsable de él, que manifieste ternura y afecto. Es por su vulnerabilidad por lo que el niño o el adolescente consiguen que la habitual distancia del adulto se transforme en tacto y consideración. Es precisamente su desprotección lo que moviliza la compasión del adulto, porque el adulto percibe que un abuso de poder sería una grave derrota moral. Pero no todos los adultos tienen esa sensibilidad. Por eso, educar en la compasión es otro de los retos de la familia y la escuela. Aprenden cada día, viendo cómo reaccionan los adultos ante los problemas y las dificultades de los demás. Aprenden si ven que los adultos vencen sus sentimientos de envidia o de rencor, sus celos o sus agravios, y saben comportarse con misericordia y compasión con todos.

El tacto en la educación nos ayuda a recomponer lo que se ha roto. Un profesor o unos padres observadores saben cómo sus hijos o sus alumnos viven esas pequeñas cosas que pueden ser obstáculos gigantes en la vida cotidiana de los más jóvenes. Los sentimientos de aceptación o rechazo se viven con mucha intensidad. Puede ser un pequeño desencuentro con sus amigos o un conflicto con un profesor, o una actuación que consideran desafortunada y que les ha dolido o que piensan que les ha dejado en ridículo. Son pequeñas cosas que se rompen o que amenazan con romperse.

En ese contexto es donde el tacto puede alcanzar sus mayores logros. El tacto evita que las cosas se rompan, o ayuda a recomponer lo que se ha roto. Un educador debe enseñar muchas cosas, pero no puede olvidar estas. Cada asignatura, cada problema, cada conflicto, debe ser gestionado a la luz de ese proyecto vital más amplio, a la luz de esa identidad cristiana que ilumina a la persona completa, reconociendo la singularidad de cada uno y enseñando a evitar los daños emocionales o a sanar los que ya se han producido.

Para todo ello es necesaria una conexión emocional, una cercanía que se nota en muchos detalles. Por ejemplo, procurando evitar la costumbre de hablar en imperativo, y así, en vez de decir «Abrid el libro por la página 87...», podemos decir de un modo menos dominante: «Vamos a ver qué dice el libro en la página 87...». En vez de decir «Ven aquí», decimos: «¿Puedes venir?». En vez de decir «Haz esto», podemos decir: «¿Hacemos esto?» «¿Te parece bien esto?». Las formas de hablar reflejan compromiso, conexión, cercanía. Es solo un modo de hablar y de dirigirse a ellos, pero muy frecuente cuando un profesor llama a un alumno, le da instrucciones, le hace sugerencias, le ofrece explicaciones o le plantea consejos.

Es diferente el clima de un aula cuando el profesor se esfuerza en saludar, despedirse, disculparse, pedir las cosas por favor, dar las gracias o llamarles por su nombre. Hay mucho tiempo escolar ocupado por la voz del profesor, y por eso es tan importante su tono de voz: una voz que puede ser arrogante o comedida, indiferente o afectiva, nerviosa o serena, pesimista o alentadora, ofensiva o conciliadora. Todos hemos vivido situaciones en que nos hemos sentido afectados por el tono de voz más que por lo que nos han dicho, tanto positiva como negativamente. El tono de voz nos estimula o nos enfada. Un comentario con tacto nos hace recibirlo con una perspectiva diferente. Una relación humana puede destruirse por una palabra inoportuna. Y una sola palabra puede arrojar luz sobre una inmensa oscuridad. El efecto de las palabras depende mucho del clima que genera el tono de voz, que siempre marca la diferencia.

Lo mismo podría decirse de los silencios. A veces el niño o el adolescente quieren exhibir su confrontación y su resistencia, y la inteligencia del adulto está precisamente en no dejarse enredar en un intento ingenuo de provocación. El buen educador percibe ese orgullo, sabe que aceptar ese desafío no beneficia a nadie, que quizá es mejor no darse por enterado, o poner la atención en otra cosa, emplear el silencio y la no atención como un poderoso mediador que deja espacio libre para abandonar ese escenario que resulta arriesgado para todos. Un silencio que no es cobardía sino una espera paciente para un momento más favorable en el que sí que habrá que hablar e incluso corregir con firmeza.

Esto sucede en muchos ámbitos de la relación personal. En una conversación, los silencios pueden ser tan importantes como las palabras. El tacto reconoce el poder del silencio y de la calma como grandes facilitadores de la escucha. A veces, el silencio deja espacio para recobrarse. O mantiene un momento de confianza que necesita prolongarse para decir eso que, cualquiera de los dos, aún no se ha atrevido a decir. El silencio puede a veces ser la mejor aprobación. Además, la palabra que no surge de la escucha suele ser predecible y prescindible. Por eso, un moderado desinterés, una presencia discreta, una cercanía no invasiva, es a veces lo que los hijos y los alumnos más agradecen de los adultos. Porque nos damos cuenta de que en ese momento es mejor no dar opiniones, puntos de vista, consejos ni comentarios. Basta con observar, escuchar y esperar.

Los momentos de confianza no se pueden forzar, pero sí se pueden buscar. De lo contrario, pueden pasar años sin que surjan de modo espontáneo. Los mensajes a veces hurtan el contacto presencial, pero otras veces son el mejor camino para propiciarlos, porque les resulta más fácil escribir que hablar. Y puede ser el comienzo de un acercamiento o una confidencia. Por eso resulta tan interesante también que en clase se pidan redacciones que inviten a los alumnos a abrir su intimidad y expresar lo que les sucede. Porque muchos jamás lo harán si no hay una oportunidad que se lo facilite.

Muchas veces los profesores y los alumnos, o los padres y los hijos, leen en los ojos del otro lo que les conmueve o les inquieta. Reconocen sus emociones por encima de sus palabras y saben actuar en consecuencia. Muchas veces explican que se sienten cómodos y abiertos ante unos y, en cambio, más remisos y a disgusto ante otros. Todo depende de gestos y actitudes muy concretas. Puede ser la sensación de prisa o de desgana. O una mirada de más o menos interés. O un tono de voz más o menos acogedor. O la expresión del rostro, o la postura corporal, que transmiten receptividad o indiferencia.

Los profesores crean un clima especial no solo por lo que dicen sino por la forma en que lo plantean ante los alumnos, que son bastante sensibles al ambiente en que comparten sus experiencias. Hay un tono de voz adecuado a cada situación. Si queremos que determinadas emociones se generen en el aula, primero deben ser facilitadas y prestigiadas por el profesor, que debe tomarse su tiempo para crear ese contexto. Lo puede hacer contando una historia, relatando algo personal, pidiendo a los alumnos que recuerden vivencias o lecturas que faciliten ese entorno de confianza. Lo hace cuando defiende al ausente. Cuando sabe recomponer relaciones de quienes han sufrido un desencuentro (en clase, en casa, con otro profesor). Cuando sabe conmoverse explicando un detalle, resistiéndose a la insensibilidad y la rutina. Cuando respeta la singularidad y sabe apostar por lo específico de cada uno. Ese clima en el aula es fuente de reflexión, invita a la aceptación de lo profundo y de lo complejo, a reconocer mejor las vivencias ajenas y ensanchar la percepción de los sentimientos de todos.

UNIR EL DEBER Y EL QUERER

Si Dios fuese kantiano —decía C. S. Lewis[8]—, y por tanto no nos aceptara hasta que fuésemos a Él impulsados por los más puros y mejores motivos, entonces nadie podría salvarse. Kant pensaba que ninguna acción tenía valor moral a menos que fuese hecha como fruto de una pura reverencia a la ley moral, es decir, sin contar para nada con el atractivo o la inclinación hacia esa buena obra. Y, ciertamente, a veces la opinión popular parece estar de parte de Kant, porque parece como si perdiera valor la actuación de una persona que hace lo que le gusta hacer. Sin embargo, frente a Kant se alza la verdad subrayada por Aristóteles: «Cuanto más virtuoso se vuelve el hombre, tanto más disfruta de los actos de virtud»[9], o por santo Tomás de Aquino: «Los hombres que no sienten agrado en la virtud no pueden perseverar en ella»[10].

De hecho, la buena educación de los sentimientos ha de buscar que el corazón aprenda a disfrutar haciendo el

---

[8] C. S. Lewis, *El problema del dolor*, capítulo VI.

[9] Aristóteles, *Ética a Nicómaco*, libro segundo, capítulo IV.

[10] Santo Tomás de Aquino, «In decem libros Ethicorum Aristotelis ad Nicomachum Expositio», X, lect. 6.

bien y a sentir disgusto haciendo el mal: que aprenda a querer lo que merece ser querido, es decir, a unir en lo posible el querer y el deber. Si una persona, por ejemplo, siente desagrado al mentir y satisfacción cuando es sincera, o se siente molesta cuando es desleal, o egoísta, o perezosa, o injusta, todo eso le alejará de esos errores, y a veces con bastante más fuerza que muchos argumentos de razón.

Por ejemplo, si siento ira, y la exteriorizo descargando mi indignación sobre quien la ha producido, y la vivo de manera intensa con gestos y palabras, y eso se repite y se hace una respuesta habitual a quien considero que me perjudica, la ira se transforma poco a poco en una predisposición, en mi modo de ser, en mi estilo sentimental, en algo que me define y me caracteriza, y seré una persona iracunda y encontraré cada vez más natural serlo. Y mi modo de ver, discernir y reaccionar será el propio de una persona iracunda, y quizá esas reacciones serán cada vez más desproporcionadas y cada vez me daré menos cuenta de esa desproporción. Y mi mundo interior estará parasitado por numerosos pensamientos, deseos, fobias y fantasmas que se inspiran en ese estilo colérico y nervioso[11].

Lo mismo podría decirse de la envidia, que me hace molestarme por el éxito del otro, e incluso me hace pensar en cómo lograr su fracaso. O de cualquier otro defecto o vicio. Por el contrario, si educamos y nos educamos en sentimientos de generosidad, justicia, lealtad, etc., todo eso nos impulsará a vivir nuestro ideal humano y cristiano.

---

[11] Cfr. Amedeo Cencini, *Desde la aurora te busco: Evangelizar la sensibilidad para aprender a discernir*, capítulo 5.

Si volvemos a la parábola del buen samaritano, los tres personajes que pasan por el camino ven al caminante herido, y probablemente los tres experimentan compasión, pero solo el samaritano se detiene y le ayuda. Siempre hay un componente racional en cada sentimiento, que es importante reconocer, y que es el significado que damos a lo sucedido y a nuestra reacción ante lo sucedido. Esa valoración racional forma parte del sentimiento que hace que el sacerdote y el levita de la parábola no se sientan culpables por haber pasado de largo al ver al hombre herido. Y, por el contrario, esa misma valoración hace sentir al samaritano el gusto interior por su buen gesto, la alegría de haber socorrido a una víctima de la violencia de otros. En ese «sentir» hay una mezcla de emotividad y racionalidad, que incluye también una evaluación ética que confirma o justifica lo que cada uno experimenta. Por eso es importante que nos preguntemos por el pensamiento que está activo en los sentimientos que experimentamos. Porque ese pensamiento suele contener un juicio interior con el que estamos habituados a justificar lo que sentimos, y ese argumento confirma un modo de reaccionar que configura cada vez más nuestra actitud emocional habitual.

Por eso, en toda educación hay que buscar una convergencia entre emociones e identidad. Cada uno hemos de aprender a experimentar una emoción positiva con respecto a aquello que nos pone en línea con nuestra verdadera identidad, es decir, que nos hace sentirla atrayente y convincente, aunque tal vez se presente ardua y desafiante. A su vez, es importante que esas emociones positivas se traduzcan en la acción correspondiente, que

191

es precisamente lo que parece que faltó a aquellos dos ministros del culto que vieron al desafortunado tirado en el suelo: seguramente los dos experimentaron una cierta compasión, espontánea y natural en un caso así, pero la emoción, al parecer, se quedó en eso y no se continuó con la acción caritativa correspondiente, quizá porque no fue suficientemente intensa como para provocar el gesto de detenerse, y los dos pasaron de largo. En cambio, el samaritano, al detenerse, expresa la profunda libertad de quien considera ese dolor del otro un motivo suficiente para interrumpir los propios proyectos. Compasión no es solo sentir lástima, sino sufrir por el dolor del otro, hasta el punto de que se trasvasa al propio corazón. Experimentar compasión es una de las cimas más altas de humanidad. Un sentimiento que hace que el corazón humano se asemeje al de Dios.

Para experimentar esa mirada de misericordia que nos mueva realmente a una renuncia personal por ayudar al otro, hay que lograr, de alguna manera, experimentar o hacer experimentar el espacio de libertad que se abre gracias a esa renuncia. Comprender la emoción de la belleza que se ofrece a través de la misericordia. En efecto, si uno solo conoce las emociones vinculadas a la satisfacción de los instintos egoístas, desarrollará sentimientos egoístas. Pero si, mediante la educación, es motivado a experimentar otras emociones, más en sintonía con la verdad que se busca en la propia identidad, entonces será más capaz de gestionar sus sentimientos, y aprenderá a discernir mejor cómo y cuándo debe actuar.

No basta con sentir pena por el otro si eso no lleva a acoger y atenuar en lo posible su dolor. No es algo que venga espontáneo y natural de nacimiento. Nadie nace con esos sentimientos en estado maduro, pero la misericordia es un sentimiento absolutamente central en el camino de la madurez personal. Y para los que somos cristianos, y por tanto estamos llamados a identificar nuestros sentimientos con los de Jesucristo, tenemos que formar en nosotros esos sentimientos, y hay que despertar los sentidos para ver y sentir la realidad, y dejarse interpelar por ella, y comprenderla también cuando es más compleja y exige un cierto enfoque. Como decía Mazzolari, «quien tiene poca caridad ve pocos necesitados; quien tiene mucha caridad ve muchos necesitados; quien no tiene ninguna caridad no ve a ninguno».

Para compartir esa ternura de Dios con la humanidad doliente, es preciso buscar el contacto con la periferia de la vida, con la realidad de los que sufren, con los que se encuentran ante el drama de la injusticia, se sienten rechazados, víctimas de la maldad de otros. Ese contacto contribuye a formar personas diferentes, caracterizadas por un corazón compasivo y comprensivo. Personas que buscan una identidad que atrae no solo a la razón, sino también al corazón, una identidad que no es buscada solo por los pensamientos de la mente sino también por las emociones y sentimientos de lo más profundo de su sensibilidad.

Si el samaritano se comporta con misericordia no lo hace simplemente porque tiene un buen corazón y es generoso por naturaleza, sino porque sus elecciones de vida, incluso las más pequeñas, le han conducido poco a poco cada vez más hacia el otro, lo han educado en la atención al prójimo, han configurado un modo de mirar, de sentir, de sentirse interpelado. Si el sacerdote y el levita, en cambio, miran y pasan de largo, no lo hacen simplemente porque tengan otro carácter, o porque sean tímidos o reservados, o porque tengan un fuerte sentido del deber y tengan que llegar a tiempo para realizar otras tareas, sino porque no han educado sus sentimientos para dar la prioridad al otro, para detenerse ante el que sufre. Y si llegan a sentir una cierta pena han aprendido a neutralizarla y desactivarla sin sentirse culpables por ello. Este patrón de reacción sin ningún malestar personal, sin remordimiento o vergüenza, sin arrepentimiento, hará que ese gesto de pasar de largo refuerce un modo de sentir centrado en uno mismo. Algo que se extenderá inevitablemente a otros ámbitos y se convertirá en una vida autorreferencial, consecuencia inevitable de la desatención educativa de los propios sentimientos.

Vocación personal y vida emocional

La vida emocional representa el estilo, la manera habitual de vivir, mientras que la identidad es lo que inspira ese modo de vivir. La vida emocional expresa la libertad con la que uno vive lo que está llamado a ser, es decir, la atracción y el gusto por ser como uno piensa que debe ser. Por eso, para educar bien no basta con insistir en los ideales, y tampoco basta con adquirir hábitos de comportamiento adecuados a ese ideal, sino que es necesario incidir profundamente en la vida emocional, es decir, en activar la atracción y el gusto de vivir plenamente la propia identidad.

La vida emocional influye mucho en el descubrimiento y la elección de lo que queremos ser. Los sentimientos, las simpatías y los afectos ejercen una presión sobre ese descubrimiento, pues orientan cada vez más a la persona a percibir la verdad, belleza y bondad objetivas de un ideal concreto de vida hasta sentirse atraído fuertemente por él.

Cencini[12] sugiere que la identidad es como un camino ascético para la vida emocional, y a su vez la vida emocional es como el alma mística que impulsa a elegir y vivir en la libertad del amor, del gusto de hacer las cosas por amor, de discernir lo que agrada a la persona amada. Quizá cuando san Pablo habla de «libertad en el Espíritu», opuesta a la «esclavitud de la ley», presupone precisamente este tipo de itinerario psicológico que vincula verdad y libertad, mística y ascética, identidad y vida emocional, y permite al creyente liberarse del peso de una moral que se presenta como fin en sí misma, o como un moralismo o un perfeccionismo voluntarista, para superar eso y así gozar de la belleza de dejarse atraer por el amor.

Por eso, tanto el aspecto místico como el ascético deben estar presentes en un proyecto formativo cristiano. Ascética sin mística sería una elección voluntarista y moralista. Mística sin ascética, en cambio, sería una atracción por un ideal que se mantiene débil e inestable, carente de la valentía de traducirse en las elecciones y renuncias correspondientes.

La vida emocional tiene una función importante en el discernimiento y la identificación del propio ideal, es decir, en el discernimiento vocacional de la propia identidad, que no es un proceso solo intelectual, moral o

---

[12] Cfr. en este epígrafe Amedeo Cencini, *Desde la aurora te busco: Evangelizar la sensibilidad para aprender a discernir*, capítulo 6.

espiritual, sino también un dinamismo emocional que incluye esos procesos e influye sobre ellos. Por eso la educación no se puede limitar ni centrar en generar buenos hábitos de comportamiento, sino que debe atender a la vida emocional, para que los sentimientos que nacen de ese dinamismo emocional no sean contrarios, ni siquiera neutros, sino que impulsen la elección de lo verdadero, bueno y bello, y que esa elección sea libre, es decir, hecha por amor.

El descubrimiento de la vocación personal es como una identificación progresiva con los sentimientos de Dios, para ver nuestra vida con los ojos de Dios. Todas las personas tenemos una vocación, porque todas hemos sido creadas para algo y nuestra vida tiene un sentido. Quien aborda su propia historia personal sin una perspectiva trascendente, es fácil que se habitúe a buscarse demasiado a sí mismo y sus intereses, y así se sentirá menos implicado en la historia en la que vive, en los dramas o sufrimientos que ve a su alrededor.

La vocación no es solo una llamada sino también un camino y un diálogo que es continuamente concretado y reforzado a lo largo de la vida: así cada uno es cada vez más creativamente fiel a sí mismo y cada vez más atraído por el propio ideal. Si la vida emocional no sigue a la identidad, o no se ajusta cada vez más a ella, pronto aparece la desgana, normalmente unida a otras atracciones no compatibles con la identidad buscada. Es verdad que a lo largo de la vida va cambiando el escenario en que vivimos, y nuestra respuesta tampoco podrá ser siempre la misma, y de hecho muchas veces tendremos que ajustar el rumbo para ser fieles a esa llamada.

En todo caso, no es suficiente con perseverar, es preciso ser fieles. El perseverante suele ser un hombre de palabra, sobre todo consigo mismo, que se mantiene en su camino, pero sin necesariamente renovar la propia elección y sus motivaciones. La fidelidad, en cambio, es relacional, es la respuesta de cada día a un Dios que es fiel, fiel al darme y pedirme cada día algo más, fiel en la llamada y en sostener mi respuesta, fiel en comprender mi fragilidad, pero también en no contentarse con mi mediocridad, fiel en revelarme rasgos nuevos de su rostro y también del mío, fiel en un amor que es siempre nuevo.

La perseverancia es estática y repetitiva; la fidelidad, en cambio, es dinámica y creativa. Quien persevera tiende a ser conservador, tal vez nostálgico del entusiasmo de otro tiempo, débil ante las provocaciones alternativas y siempre con el riesgo de abandonar. En cambio, quien se compromete en la fidelidad está más abierto a la novedad. La perseverancia es una realidad positiva y virtuosa, pero solo si se convierte en fidelidad y se abre a ella.

LA REALIDAD DE LA MUERTE

Las preguntas sobre la muerte surgen de modo bastante temprano en el niño. Es una realidad imposible de ocultar a su observación. Es algo que le inquieta y le plantea numerosos interrogantes. No se puede contestar eludiendo el tema, o diciendo que no se sabe bien, o callando, esperando no se sabe a qué.

Son preguntas difíciles, que a veces se presentan de improviso y nos pueden dejar sin saber cómo reaccionar. El duelo por la muerte de alguien próximo no siempre es fácil de gestionar, ya se trate de la muerte esperada de una persona enferma, o de un accidente, o incluso del suicidio de alguien conocido[13].

Es frecuente que, por una malentendida protección de los niños y jóvenes, se tienda a eludir este tema con ellos, pero es conveniente hacerlo para contribuir así a que familia y escuela sean auténticos lugares de humanización ante cualquier realidad, por dura que sea. Además, la fe nos aporta a los creyentes una nueva perspectiva que nos permite mirar a la muerte como nuestro encuentro definitivo con Dios. Parece que nunca estamos suficientemente preparados para recibir semejante visita en nuestras vidas, y menos para acompañar en este momento a los hijos o a nuestros alumnos, pero debemos abordarlo para tratar la realidad de la muerte de forma humanizadora y esperanzada posibles, y para poder hacer así un buen acompañamiento.

La muerte es uno de los grandes tabúes culturales de nuestro tiempo. Son nuestras propias dudas y dificultades de comprensión las que nos llevan a sobreproteger el posible impacto que creemos que tiene la muerte de un ser querido. Queremos que los niños no sufran y les apartamos sin querer de un acontecimiento central en sus vidas, pero los seres humanos sufrimos la muerte de nuestros seres queridos, sentimos y nos cuestionamos muchas cosas. Los niños y adolescentes también. Como adultos y educadores nos surgen entonces dudas sobre cómo afrontar este acontecimiento. ¿Cómo le cuento a

---

[13] Para este epígrafe, cfr. *Guía para educadores: el duelo en el ámbito escolar*, Escuelas Católicas, https://www.escuelascatolicas.es/duelo/guia-duelo/

un alumno que acaba de morir su padre? ¿Debo mostrar mis sentimientos yo también? ¿Hay que dejarles llorar? ¿Hay que dejarles solos? ¿Cómo lo comparto con su clase, debemos hacer algo? ¿A qué nos invita la fe cristiana en este momento? ¿Cómo lo tratamos con niños de otras confesiones religiosas? ¿Conviene volver cuanto antes al ritmo normal de la rutina diaria?

Cada duelo es singular, y tomado a tiempo, es una escuela de aprendizaje para toda la comunidad escolar. Cada edad tiene sus peculiaridades. Cuando son pequeños, tienen menos capacidad de expresar las emociones que sienten, pero es fundamental que los adultos les proporcionemos espacio para hacerlo. Es mejor que mantengan sus rutinas y hábitos tras la muerte de un ser querido. Que nos vean dolidos, emocionados o frágiles es humano y transmite humanidad.

Suele ser un error pensar que el niño no entiende nada y que por tanto no hay que hablar del tema para que no sufra. Tampoco es buen criterio general pensar que el niño no deba ir al tanatorio ni al entierro: puede ser muy diferente en cada caso, pero suele ser mejor afrontar la verdad de lo que ha sucedido: quien ha muerto se ha marchado y ya no volverá. Es mejor que los niños participen de los ritos de despedida: tanatorio, entierro, funeral. Soportar el dolor de la pérdida y no ocultarlo. Adaptarse a la vida sin esa persona y crear un vínculo simbólico positivo entre los niños y la persona fallecida, pensando en el mensaje vital que nos deja.

Puede haber ansiedad, irritabilidad, angustia o tristeza. Pueden aflorar sentimientos de culpa, somatizaciones diversas, descenso de atención en clase, cambios de rendimiento académico o expresión de comportamientos no habituales. Todo eso puede ser esperable, pero desde nuestra fe podemos hacer una lectura creyente. El sufrimiento es inevitable y forma parte de la vida, y aceptarlo nos conduce al agradecimiento por la persona que ha fallecido y nos abre a la esperanza de la vida plena en Dios.

Cada minuto en esta vida es un paso a la eternidad, y si esa eternidad es el cielo, es un paso más hacia una bienaventuranza de dimensión tan extraordinaria que nadie sería capaz de describir. Así lo entendió finalmente —comentaba Martín Descalzo[14]— aquella mujer afligida por el zarpazo de la muerte de unos seres queridos, cuando escuchó dentro de sí una voz que le decía: «Pero..., ¿ese es el modo que tú tienes de agradecer a Dios los padres y el hermano que disfrutaste durante tantos años? Un vacío, una tristeza, ¿eso es lo único que puedes regalarles ahora?». Desde entonces esa señora hace regalos, en cada cumpleaños de los fallecidos, a instituciones de caridad.

A todos nos duele despedirnos de un ser querido, y despedirnos por mucho tiempo, hasta que nos reunamos con él a nuestra muerte. Pero si la fe es firme, no habrá tanto miedo a la muerte. Y cuando llame a la puerta, a la nuestra o a la de alguien cercano, la recibiremos con paz si tenemos la conciencia limpia. Pensar en la muerte obliga a pensar en cómo llevamos la vida. No debemos tener miedo a hablar de que hay otra vida después de esta, y de que hemos de estar preparados para recibirla sin dramatismos. Pensar seriamente y sin ensoñaciones en la propia muerte nos ayuda a adueñarnos de la vida.

---

[14] José Luis Martín Descalzo, *Razones desde la otra orilla*, n. 32.

Postureo, transparencia y reflexión sobre la identidad

La palabra «postureo» es un término relativamente reciente, usado especialmente en el contexto de las redes sociales para expresar formas de comportamiento y de pose que suelen ser más por imagen o por las apariencias que por otras razones. Una actitud que se adopta sobre todo en la plaza pública virtual, para impresionar a quienes te ven, te leen o te escuchan.

El postureo es como la elegancia, que todos saben lo que es, pero nadie sabe bien cómo definirlo. No requiere de un lugar o un tiempo determinado para practicarlo: ningún sitio es malo para una buena pose. Por su propia naturaleza, tiende a crecer, y a veces de modo descontrolado, buscando una recompensa social, en gratitud, reconocimiento, prestigio, influencia, visibilidad.

Además, no hay que engañarse, del postureo no se escapa nadie. Todos caemos en una u otra forma de dependencia de la imagen que damos ante los demás. Y cada estereotipo social suele tener sus técnicas de postureo, desde una madre presumiendo de hijos hasta un adolescente haciendo alarde de su elegante modo de beber o de fumar. También las familias y las instituciones caen fácilmente en ese esfuerzo para crear una imagen en la que todo tiene que parecer perfecto y todos deben aparecer sonrientes y felices. Cada grupo tiene sus propios códigos, aunque para otras personas puedan parecer una tontería. En todo caso, la clave es mostrar una determinada imagen, y si es posible, tan espontánea y natural que parezca que todo eso no te importa demasiado.

A veces se busca el refugio y la seguridad de ser como todos. Y a veces se busca exactamente lo contrario, dejar claro que somos diferentes o especiales, distintos de los demás, aunque casi siempre repitamos algo que hemos visto en otros.

¿Es todo eso una compostura artificial? Parece que sí, pero también es cierto que a veces los distintos modos de presentarse definen lo más propio y particular de cada uno. Diría que todos buscamos un cierto reconocimiento, buscamos crear la imagen que queremos proyectar de nosotros mismos, y eso no tiene por qué ser negativo. Cada uno selecciona lo que más le gusta de lo que ve en otros, y así va perfilando la imagen que quiere proyectar de sí mismo, y con ello, muchas veces, también reflexiona un poco más sobre su propia identidad.

Quisiera detenerme precisamente en esto porque puede ser un aspecto positivo relacionado con este fenómeno del postureo. Una de las grandes cuestiones que nos haría mejorar en transparencia y en naturalidad es que todo que lo que hacemos o decimos pudiera ser explicado públicamente. Pues bien, esa preocupación constante que hoy tiene la gente joven (o no tan joven) de estar pendiente de modo habitual en cómo presentar en público lo que hace cada día y en cada momento, es un excelente ejercicio de síntesis sobre la propia identidad. La escuela de inspiración cristiana debe pensar en la huella que quiere dejar en el corazón y la mente de las personas que les siguen en las redes sociales. Debe narrar con naturalidad lo que hace, sin homilética, con gracia, con un deseo limpio y comedido de reflejar en cada momento una cierta reflexión sobre lo que somos, queremos y debemos ser.

Todo un reto, sin duda. Porque, por ejemplo, sabemos que somos observados y juzgados severamente en todo lo relativo a la coherencia. Por eso debemos ser muy sensibles ante lo que pueda parecer inconsecuente o inadecuado, como por ejemplo cualquier atisbo de autoritarismo, favoritismo, distinciones injustas, arbitrariedad, chantaje emocional o hipocresía. Respecto a esto último, Lev Tolstói decía que la hipocresía era «el peor mal del mundo, y que Cristo se enfadó una sola vez, y fue a causa de la hipocresía de los fariseos»[15].

Naturalidad y franqueza porque escuchan lo que decimos, pero sobre todo ven lo que hacemos, lo que no hacemos y lo que damos a entender que somos. Para educar bien, primero hay que dejarse conmover por la elevada misión de educar, dejarse interpelar por las exigencias más profundas de esa tarea. Hacer resonar dentro de nosotros el sentido de esa misión y del mensaje cristiano que damos. Dejar claro que no buscamos sometimiento ni dependencia emocional. Que no buscamos realizarnos egoístamente en nuestros alumnos o nuestros hijos. Y aprender en cada momento a no ser pesados ni tampoco descomprometidos: «El cristiano sabe cuándo es tiempo de hablar de Dios y cuándo es oportuno callar sobre Él, dejando que hable sólo el amor. Sabe que Dios es amor y que se hace presente justo en los momentos en que no se hace más que amar»[16].

[15] Lev Tolstói, *El poder y la hipocresía*, Valencia, L'Eixam, 2005.
[16] Benedicto XVI, *Deus caritas est*, 25 diciembre 2005, n. 31.

El libro del Éxodo cuenta cómo Moisés, estando ya en la tierra de Madián, salió al encuentro de su suegro Jetró, se postró y le besó. Luego entraron en la tienda y Moisés le contó el relato de la liberación, con el milagro del paso del Mar Rojo. Y Jetró se alegró. De aquel encuentro nace la primera reforma social y organizativa del pueblo de Israel, gracias precisamente a un consejo del suegro de Moisés, un extranjero con otra religión pero que apreciaba mucho a su yerno. Jetró le dice: «¿Cómo haces eso con el pueblo? ¿Por qué te sientas tú solo haciendo que todo el pueblo tenga que permanecer delante de ti desde la mañana hasta la noche? [...] No está bien lo que estás haciendo. Acabarás agotándote, tú y este pueblo que está contigo; porque este trabajo es superior a tus fuerzas; no podrás hacerlo tú solo»[17]. El pueblo y los ancianos veían a Moisés como su libertador y guía, el sabio que administraba justicia. Jetró llega de fuera, quiere a Moisés, lo ha conocido de joven, ha visto todo su recorrido vital y es capaz de ver que aquello es insostenible: demasiado solo y demasiado trabajo.

Este tipo de miradas externas, como la Jetró sobre su yerno Moisés, son esenciales porque todos tenemos necesidad de esos amigos verdaderos que, en ciertos momentos, nos ofrecen desinteresadamente su consejo. Son miradas externas de afecto que permiten generar una reciprocidad entre iguales que quizá no se presenta dentro de la propia organización. Los familiares, los amigos verdaderos,

---

[17] Cfr. Ex 18, 1-27.

incluidos los que provienen de culturas distintas de la nuestra, incluidos también quienes no tienen nuestra fe pero nos quieren de verdad, pueden hablarnos en nombre de Dios aun cuando apenas lo conozcan. Y si los escuchamos, nos ayudan mucho a ser fieles a nuestro camino.[18]

«Así que escúchame —concluyó Jetró—, elige de entre el pueblo hombres capaces, temerosos de Dios, hombres fieles e incorruptibles, y ponlos al frente del pueblo como jefes de mil, jefes de ciento, jefes de cincuenta y jefes de diez». Escuchó Moisés el consejo de su suegro e hizo lo que le había dicho. Después Jetró se volvió a su tierra. Y aquello fue un hecho de crucial importancia para la vida del pueblo elegido. Para llegar a ese cambio, Dios se sirvió de un extranjero, de alguien de otro pueblo y de otra fe. Moisés sabe que su suegro no cree en Yahvé, pero escucha sus consejos, porque sabe que es importante escuchar a todos, procurando ver que la sabiduría del otro muestra siempre un reflejo del único Dios de todos, porque Dios que es demasiado grande para ser expresado y poseído solo por la propia visión.

Hay otra enseñanza más que podemos sacar de aquella reforma de la gobernanza en el desierto de Refidim. En todo ese proceso de descentralización, se les daba el mismo espíritu a quienes tenían que desarrollar funciones de gobierno del pueblo. La fuente del poder y de la sabiduría no era el talento del profeta Moisés, sino el espíritu que se le había dado a él y que ahora era compartido con otros. Esta delegación de funciones requiere que el líder no se sienta poseedor del espíritu, sino que los otros

---

[18] Cfr. Luigino Bruni, *La destrucción creadora*, capítulo 7.

llamados a gobernar con él tienen su misma luz y sabiduría, recibida de la misma fuente. Si el que delega no interpreta la descentralización como participación una misma cultura corporativa, lo que hace es aumentar la jerarquización y aumentar la asimetría entre quien delega y los demás. Cuando al delegar no se comparte abiertamente la cultura, los grados jerárquicos intermedios aumentan la distancia entre el jefe y la base. Si quien delega está convencido de que su criterio es mejor que el que tendrán los que colaboran con él, el proceso de descentralización no hace más que crear nuevos niveles que son nuevos peldaños para aumentar la altura del trono del soberano supremo. En cambio, cuando todos participan de los mismos valores institucionales, se crean comunidades fraternas y comprometidas.

MISERICORDIA Y HUMANIZACIÓN

Hemos hablado de cómo la amabilidad nos ayuda a despojarnos de nuestro egoísmo, nos ayuda a generar hábitos desinteresados, nos proporciona una visión más amplia y nos dispone para causas más altas. Sabemos que la amabilidad nos hace más humildes y que, a su vez, la humildad nos hace más amables. Sabemos que las acciones amables más insignificantes, los pequeños detalles de cariño, son cosas que, sumadas una a una, al llegar la noche explican el secreto de un día feliz.

A nuestro alrededor hay, junto a la necesidad material, mucha necesidad emocional y espiritual. En el alma de las personas hay muchas desesperanzas, mucho amor destrozado, muchas dudas, errores, adicciones, ofensas, culpas, heridas. La educación cristiana no puede ignorar tanta desdicha que sufren tantas personas. Debemos seguir ese estímulo que repite el papa Francisco: «Salgamos, salgamos, prefiero una Iglesia lisiada, herida y sucia porque ha estado en las calles, a una Iglesia muerta, enferma por la cerrazón y la comodidad de aferrarse a su propia seguridad. Eso vale para toda la Iglesia. Quien no sale de sí mismo, en lugar de ser mediador, se convierte poco a poco en intermediario, en gestor. Y se vuelve triste (…) en vez de ser pastores con olor a oveja»[19].

Hay que buscar el modo de que los hijos y los alumnos conozcan las graves necesidades que sufren muchas personas. Eso es importante y ha de ser uno de los objetivos de una buena educación cristiana. Hay que insistir en vivir la caridad con quienes convivimos cada día, en la escuela o en la familia. Hacerles reflexionar sobre el bien que se merecen los demás, sobre la importancia de promover una caridad desinteresada con todos. Impulsarles a compartir las cosas, a estar atentos a las necesidades de cada uno, aliviar sus penas, ser consuelo en su tristeza, ser un hermano que ofrece siempre ayuda.

Para que los hechos externos sean de misericordia, hay que empezar por educar desde muy pronto en que los pensamientos también lo sean. Los pensamientos de indulgencia y de compasión muestran la verdad más profunda, la más cercana a la caridad, la que nos hace más capaces de querer a todos.

---

[19] Papa Francisco, *Esperanza. La autobiografía: Memorias del papa Francisco*, Plaza&Janés, 2025, p. 222.

Todos debemos mucho a la amabilidad de otros. Si echamos una mirada a nuestra vida, encontraremos miles de detalles de otros que nos han hecho mucho bien. Pequeñas cosas que han sembrado una semilla de bondad que ha dejado en nosotros una profunda huella. Podemos pensar qué habría sido de nosotros si nuestros padres, amigos, profesores, compañeros, hubieran sido menos atentos con nosotros. Quizá toda esa amabilidad recibida a lo largo de nuestra vida ha refrenado nuestra inclinación al mal, y ha sido uno de los mayores estímulos para consolidar nuestra virtud. Y quizá no siempre habremos sabido corresponder a eso con la suficiente gratitud.

Por eso es tan importante cuidar mucho lo que decimos y cómo lo decimos. «Tengo confianza, casi diría una fe ancestral, en la palabra. Creo que es muy importante cómo se dicen las cosas. El problema no son tanto las opiniones, sino la manera muchas veces agresiva y violenta con la que se utiliza el lenguaje. Siempre hago un esfuerzo especial, desde el humor, desde la suavidad, para utilizar bien las palabras, para decir lo que tengo que decir de forma que no vaya contra nadie (…) He intentado hacer de esa reflexión una divisa: el cuidado, el respeto al que me habla, la elección cuidada de las palabras para que no haya agresividad. Esa forma de respetar a quien nos dirige la palabra al final acaba siendo más contagiosa de lo que creemos»[20].

Cada día, puedes intentar hacer feliz a alguna persona, ser para alguien un refugio en el que resguardarse del calor abrasador de la vida. Si no puedes realizar una obra

---

[20] Irene Vallejo, Entrevista en El País, 19 abril 2021.

amable, di una palabra amable. Si no puedes decir una palabra amable, ten un pensamiento amable. Y piensa en el gran depósito de felicidad que eso puede acumular en una semana, en un año, en toda una vida. Lo mejor de una vida lo forman quizá esos impulsos nacidos de tu afecto y tu amabilidad, que hacen que tu memoria quede grabada en los corazones de quienes te conocen.

Spinoza explicaba que la alegría es la intensificación de la vida que sentimos cuando vemos que la relación con otras personas es algo más que una mera suma: la alegría nace donde uno más uno es más de dos. Nos alegramos cuando la sinergia con otra persona nos hace mejores que cada uno por separado, sea en la amistad, el parentesco, el amor o la vida profesional. Y la tristeza sería lo contrario: cuando el desencuentro entre dos personas las hace peores que estando por separado, porque entre ellas se intoxican y se dañan.

Para transmitir paz y alegría, también es importante decidirnos a no difundir torpemente el mal. Decidirnos a ser el punto final de las críticas hostiles y de las maledicencias que nos llegan. Proponernos ser, para esos mensajes tóxicos, como un muro que los detiene y nos les deja continuar su carrera de discordia y destrucción.

Quizá conviene hacer una mención especial a los enfermos. Estar especialmente pendiente de ellos es una muestra clara de la identidad cristiana de la escuela y la familia. La enfermedad deja muy al descubierto la vulnerabilidad y la necesidad de cuidado de las personas. El enfermo, despojado de su atuendo formal y de los signos externos de su cargo o posición, podría decirse que se hace aún más humano. No importa lo que sea o lo que haya sido: en el lecho del dolor se muestra frágil e indefenso, se convierte en un ser necesitado de ayuda y amparo. La enfermedad de otros nos ayuda a los demás a sacar lo mejor de nosotros mismos en su atención y su cuidado. Todo eso humaniza el mundo, desarrolla la capacidad de afecto, de misericordia, de solidaridad, de atención desinteresada.

Las obras de misericordia no corresponden a un simple ámbito de caridad o de beneficencia, sino que también son un gran motor en la construcción de un mundo mejor. A lo largo de la historia, la Iglesia, con sus errores y sus aciertos, ha mantenido escuelas y hospitales, ha atendido a los que pasaban hambre, ha luchado contra la esclavitud (incluso cuando en la propia Iglesia había dudas sobre cómo abordar ese cambio), formuló el derecho natural, impulsó el desarrollo de la ciencia, ha promovido misiones en los lugares más pobres, ha rescatado cautivos, ha difundido su doctrina social para buscar para todos una vida más digna, ha defendido la vida en todos sus estadios, ha luchado contra la trata de mujeres y la prostitución infantil. Es una labor gigantesca que atraviesa la historia. Un servicio que asume muchos rostros, muchas dinámicas, muchas formas muy diferentes de buscar el bien del otro, de ayudarle a una vida más digna, más plena, más auténtica, más acorde con el Evangelio.

Los Padres de la Iglesia vieron la parábola del buen samaritano como un reflejo de la historia universal. El camino de Jerusalén a Jericó aparece como el recorrido de esa historia de la humanidad. El hombre medio muerto a la orilla del camino es la imagen de la humanidad doliente.

Y el samaritano sólo puede ser la imagen de Jesucristo[21]. Dios mismo se ha puesto en camino para hacerse cargo de su criatura herida. Dios se ha hecho prójimo y vierte aceite y vino en nuestras heridas —un gesto en el cual se ha visto una imagen del don salvífico de los sacramentos— y nos conduce al albergue, la Iglesia, en el cual nos hace curar y nos da el anticipo del coste de esa ayuda. El gran tema del amor, que es el auténtico punto culminante del texto, alcanza así toda su amplitud. Toda persona debe ser en primer lugar curada y fortalecida por el don, pero después cada persona a su vez debe hacerse samaritana y seguir a Cristo y hacer como Él: sólo entonces vivimos y amamos de manera justa, haciéndonos semejantes a Él. Esta es la principal referencia para el trabajo de la familia y la escuela de inspiración cristiana.

---

[21] Cfr. Joseph Ratzinger, Benedicto XVI, *Jesús de Nazaret*, p. 83.

V.
DIMENSIÓN ESPIRITUAL

La práctica de la fe y los sacramentos

A veces los profesores o las escuelas de inspiración cristiana evitan hablar abiertamente sobre cuestiones espirituales, quizá por temor a ser tachados de demasiado confesionales, o de no adaptarse de modo suficiente al mundo multicultural en que vivimos.

Pienso que ese escenario multicultural (que por otra parte ha sido habitual desde hace siglos en muchos lugares), no debe retraer de la propia manifestación de la identidad cristiana. Manifestar la propia identidad no es herir la de los demás. Si nos retraemos, las ideologías circundantes se impondrán cada vez más, y lo espiritual se verá cada vez con mayor escepticismo o incluso como una rareza que hay que arrinconar poco a poco. Por ejemplo, si realmente creemos que la oración tiene un sentido y una eficacia, ¿por qué a veces somos tan remisos a manifestar que debemos rezar por algo que a todos nos inquieta? Si sabemos manifestarlo de manera convincente (y por supuesto sin dejar de poner los medios necesarios para resolver esos asuntos), transmitiremos la idea de que debemos rezar a Dios, que queremos hacer su voluntad y que nuestra identidad cristiana es algo más que un bonito mensaje de autoayuda.

Hay que decir que la oración cristiana incluyó desde el principio una pedagogía del deseo (por eso decimos «Hágase tu voluntad») y se desmarcó desde muy antiguo de las falsas promesas de la magia o la superstición. Rezar no es activar resortes de un automatismo que da cumplimiento a nuestros deseos. Al contrario, en la tradición cristiana la súplica de la oración implica un aprendizaje curativo del deseo que, para empezar, se acepta como tal al tomar la forma de ruego, muy diferente de lo que puede ser por ejemplo un conjuro. Históricamente esa disociación entre la nueva piedad y las antiguas formas de invocación de poderes llevó al repudio de la idolatría y el abandono de los ritos adivinatorios y la brujería[1].

En todo caso, la identidad cristiana de la escuela se transmite transversalmente al impartir cada clase, en la actitud y el testimonio de cada persona, en los ideales que nos inspiran, pero también debe manifestarse en un plan pastoral que incluya charlas, pláticas, confesiones, adoraciones eucarísticas u otras actividades o celebraciones. Quizá hubo tiempos o lugares en que se daba demasiada importancia a esas actividades pastorales, y otros tiempos o lugares en que se les ha dado demasiado poca

---

[1] Cfr. Higinio Marín, *Agorafilia*, 2021, p. 110.

importancia. En todo caso, no se trata de oponer la identidad profunda con la actividad pastoral, sino de complementar ambas cosas.

Esa identidad espiritual de la escuela contribuye decisivamente a construir una comunidad educativa fuerte, sana, alegre, donde todos se sienten unidos a lo trascendente y unidos entre sí, que impulsa un mayor afecto entre las personas. Un ambiente que resulte una referencia significativa hacia el exterior, y que haga que la gente desee estar allí porque la escuela irradia ese espíritu por los cuatro costados.

Por la fe creemos que existe Dios, con el que tratamos de modo personal. Y que Jesucristo sigue presente en la vida de la humanidad, en la vida de cada uno. Pero su mensaje no es solo ni principalmente un discurso ético o de valores humanos, aunque contenga una sabiduría que es atractiva para todos, también para los no creyentes. Hay siempre un mensaje que Dios quiere hacernos llegar a cada uno, personalmente, a través de la meditación de la Escritura, de la oración, de la celebración litúrgica, de los sacramentos. Es una palabra dirigida a cada uno y que nos habla de Dios, de querer a los demás, del sentido de la vida, de la justicia, de la felicidad verdadera, del sufrimiento, del compromiso con los otros, del trabajo bien hecho, de la amistad..., de todas las grandes cuestiones de la existencia humana.

La familia y la escuela se enfrentan cada día al reto de transmitir todo eso de un modo inteligible, adaptado a la realidad de cada uno en cada momento. Vivimos en una sociedad que, aunque esté alejada de la fe, cada vez presenta más liturgias civiles, tanto en el mundo académico

215

como en el deporte, la cultura, el ejército o la política, porque es natural que, aunque no haya fe, se busquen formas no religiosas de celebrar. La liturgia no es una simple *performance* bien ejecutada por personas que gestionan bien los gestos, la música o la palabra. Es una experiencia que nos acerca al misterio de Dios y a su mensaje para nosotros.

Debemos buscar que los espacios y las actividades transmitan belleza, que inviten a rezar, que propicien el encuentro personal. Un espacio y un tiempo que faciliten el silencio, la reflexión, la oración. Un relato, una lectura, una plática o una reflexión que despierten el alma hacia la trascendencia. Una música que eleve el corazón, que nos impulse a preguntarnos por Dios. Todas esas cosas, y otras muchas, contribuyen a suscitar admiración, reconocimiento, sentido de trascendencia. La fe no es solo, ni principalmente, una cuestión intelectual. Es también una vivencia, un deslumbramiento, una fascinación, una experiencia personal que contiene muchas emociones y sentimientos. Un misterio en el que la belleza tiene su papel. La familia y la escuela deben ayudar a descubrirlo en todo su atractivo, su misterio y su plenitud.

Cuando se habla de sacramentos y de liturgia, suele haber diversas sensibilidades. Unos piensan sobre todo en la necesidad de que se celebren siguiendo con rigor todos los ritos y disposiciones previstas. Otros insisten en que hay que lograr que la liturgia sea más entretenida y flexible. Otros se plantean cómo hacer con los más pequeños. Hay algunos que no se atreven a innovar nada, y hay otros que no dejan nada en su sitio. Unos insisten mucho en la participación, y a otros no les gusta nada en absoluto. Creo que está muy bien que haya pluralidad, que haya muchas sensibilidades, muchos carismas. Lo importante no es tanto que sea lo uno o lo otro, sino que todos busquen con sensatez el modo de propiciar ese encuentro con lo espiritual, con la liturgia, con los sacramentos, con Dios que se hace presente en cada momento de nuestra vida.

No es un código de obligaciones y prohibiciones

El mundo quizá sabe demasiado sobre aquello a lo que la Iglesia dice que no, pero demasiado poco sobre aquello a lo que la Iglesia dice que sí. El mensaje cristiano es como una perla de gran valor. Aporta una visión del mundo, una alegría de vivir y unos referentes morales extraordinariamente positivos. Es cierto que ha habido bastantes personas que han transmitido durante mucho tiempo una visión diferente, pero la Iglesia reafirma e impulsa todo lo más noble y bello que hay en el ser humano. Esa es la ortodoxia afirmativa que tenemos que transmitir. Decimos que sí a todo lo que es grande en las personas, a todos sus sueños y sus anhelos más profundos.

Por eso, una escuela de inspiración cristiana debe incidir en cualquier aspecto de nuestra cultura o de nuestra sociedad que contribuya a restaurar la belleza de la vida humana en la educación, en la convivencia ciudadana, en el cuidado del planeta, en la cultura de la paz... Y cada vez que haya un retroceso o un error, debe estar también ahí para reconocerlo y procurar corregir el rumbo.

Ese mensaje positivo choca a veces con un estereotipo, procedente en buena parte de la Ilustración, por el que la Iglesia tiende siempre a prohibir y regañar. O está siempre a la defensiva ante la ciencia o ante cualquier tipo de progreso. O desea controlar las mentes de las personas. Pero no hay más que ver la historia del desarrollo científico, o de los derechos humanos, para darse cuenta de que donde más ha avanzado la ciencia o los derechos humanos es donde hay un trasfondo cultural cristiano. Habrá habido errores, como los hay en todas las culturas, actuales o anteriores, pero el efecto general es claro.

Es cierto que ha habido épocas en que la Iglesia, o buena parte de ella, no ha sabido dar esa imagen positiva y de libertad. Creo que no hay problema en admitirlo. Y no hay que ponerse a la defensiva cuando nos lo dicen. También la Iglesia, como cualquier otra institución, ha tenido que aprender de sus errores pastorales, de enfoque o de comunicación. Al mirar atrás vemos, por ejemplo, etapas de nuestra historia en las que se buscó una alianza entre el trono y el altar. Y ha habido suficiente experiencia como para saber que eso no fue una buena idea. Es un error pensar que la fe, para desarrollarse en una sociedad, necesita aliarse con el poder civil. La Iglesia aprendió hace ya tiempo que es fundamental aceptar la libertad religiosa, que los ideales ilustrados de libertad, igualdad y fraternidad son valores que la Iglesia no solo comparte, sino que, en cierto modo, y aunque con errores, ha sido pionera en defender.

Por ejemplo, hace ciento cincuenta años la Iglesia lamentó profundamente haber perdido los Estados

Pontificios. Pero un siglo después, Pablo VI dijo que era lo mejor que podía haber pasado. A lo mejor ahora nos estamos lamentando de cosas que no son tan malas. Y en todo caso, en nuestro tiempo la Iglesia no puede depender de su poder o de un gran aparato institucional para atraer a la gente. El atractivo tiene que estar en que haya comunidades humanas fuertes, sanas y alegres, en las que todos nos queramos y, si es posible, que se note. Sitios donde la gente quiera estar, donde se sientan fuertemente unidos a los valores cristianos y a lo trascendente, y unidos entre ellos.

Sabemos bien que hay muchas personas que no han tenido una experiencia positiva en su trato con quienes consideran representantes de la Iglesia, y que por eso ven la identidad católica como un lastre o una camisa de fuerza de la que hay que desprenderse. Pueden tener más o menos motivos para pensar así, pero esa ha sido su experiencia, al menos subjetivamente, y hay que contar con esa barrera a la hora de presentar la fe.

La Iglesia es como una madre que no se cansa de decir a sus hijos que tengan cuidado, que coman, que se abriguen, que hace frío y viento... Ya llevamos siglos de historia y sabemos que las madres lo han dicho siempre, y lo seguirán diciendo, y creo que está bien que sea así. La Iglesia también lo hace, y hace bien en recordarlo, aunque a veces parezca un poco pesada o insistente, pero siempre lo propone con ese sentido positivo de afecto a la humanidad.

A la hora de educar, tanto en la familia como en la escuela, es importante tener presente esa idea. Hay que ofrecer enfoques positivos, de confianza, de afecto, de amabilidad. Si lo que la gente ve es irritación, negación o prohibición, nadie querrá eso, ni para ellos ni para sus hijos. Nadie quiere estar con unos cascarrabias, con personas que siempre lo critican todo, o que todo les parece mal, o que se sienten perpetuamente agraviadas.

HABLAR CON CLARIDAD, PERO SIN HERIR

¿Es compatible ser positivo con decir las cosas claras? Pienso que sí. La educación cristiana rechaza ciertos comportamientos, pero defiende siempre los derechos y la dignidad de todos los hombres y mujeres. La Iglesia no impone a los pecadores un estatus de apestados, ni los señala con el dedo, ni los condena, ni los proscribe, ni quiere tenerlos lejos.

La mayoría de la gente, cuando salen estos temas, enseguida piensa en la ética sexual. Es cierto que la Iglesia propone una vida de fidelidad y de uso del sexo dentro del matrimonio, y está claro que es una propuesta exigente, pero también es una propuesta coherente. No es fácil vivir conforme a esa propuesta, es verdad, pero lo mismo sucede con muchos otros temas. También propone la Iglesia tratar con paciencia a los demás, ser honrado, decir la verdad, ser generoso con quien lo necesita, no excederse con el alcohol, etc., y todo eso, para muchos, tampoco son cosas fáciles. A nadie se le debe estigmatizar por no ser capaz de respetar siempre todo eso, pero tampoco se puede exigir a la Iglesia que diga lo contrario de lo que son sus convencimientos más profundos.

Si una profesora dice en clase que abusar del alcohol es un pecado, quizá algún alumno que la esté escuchando piense que su padre cae en esa debilidad. Igual que si la profesora habla de ser fiel en el matrimonio, o de no robar, o de no mentir. Hay una gran variedad de situaciones en las que la gente puede estar muy lejos de lo que la Iglesia presenta como ideal de vida. Y es verdad que eso puede ser un mal rato para esos alumnos. Pero la solución no es dejar de transmitir principios morales, ni descafeinarlos hasta el punto de que no transmitan nada.

Hay que conseguir hablar de esos errores siempre con un trasfondo de gran respeto y de ayuda para quienes caen en ellos, pero hay que hablar. Lo necesitamos todos. Mi experiencia es que los alumnos que conviven a diario con esos defectos a su alrededor saben mejor que nadie los problemas que suponen, y quizá ellos son quienes más desean ayuda y claridad de ideas para manejar esas situaciones. Hay que encontrar un equilibrio entre la necesidad de ser claros en nuestra enseñanza y, al tiempo, cumplir con la necesidad pastoral de ser afectuosos en el modo de tratar con todos. Y dejando claro que todos son bienvenidos. Si en nuestras escuelas solo pudiera haber hijos de gente perfecta, estarían completamente vacías. Todos tenemos defectos, y todos debemos saber qué es lo que debe mejorar en nuestra vida o en nuestra escuela o en nuestra familia.

Hay que dejar claros los mensajes, pero sin dejar herido al que no los sigue, o no los ha seguido, o incluso al que no los quiere seguir. Es importante que esas personas, al escucharnos, no se sientan molestas, sino estimuladas a mejorar. La fe, la moral, o los sacramentos, no pueden convertirse en una barrera, deben ser una vía de sanación. No pueden presentarse como una actitud o un instrumento disciplinario, sino como una ayuda para la gente ante las debilidades de la vida. Por eso es importante conocer bien cómo son las sensibilidades de quienes nos escuchan. Y puede ser prudente que determinados asuntos se vayan explicando poco a poco, y que tengamos la inteligencia de centrarnos en lo esencial, sin golpear a la gente con la ley moral en la cabeza.

El discernimiento, siempre tan necesario al hablar de cuestiones morales, no lo necesitamos solo para distinguir lo bueno de lo malo, o lo mejor de lo peor, sino también, y sobre todo, para inspirar cosas grandes a las que todos puedan sentirse llamados. Si identificamos el mensaje con aspectos secundarios, que tienen su importancia, pero no dejan destacar el núcleo del mensaje, podemos estar desfigurando la realidad.

También por eso hay que procurar hablar sin dejarse encasillar categorías de luchas de bandos, porque esa polarización oscurece el mensaje y lo contamina de contiendas políticas o ideológicas. Hay muchas ideas o asuntos en los que podría lograrse un consenso amplio, aunque con matices, si evitamos ese «furor clasificatorio» que practica una especie de «taxidermia» de las ideas para clasificarlas, una vez disecadas, entre buenas y malas, progresistas o reaccionarias, abiertas o cerradas[2]. La escuela cristiana no debe ser ni progresista ni conservadora: debe ser fiel a la fe que a todos nos inspira, y hacer hincapié en las certezas que garanticen una pertenencia compartida, dejando mucho margen de libertad en lo demás.

---

[2] Cfr. Higinio Marín, *Agorafilia*, 2021, pp. 72-73.

No cerrar la boca a nadie, ni hablar solo para afines o convencidos

Es importante conocer bien los estereotipos desde los que nos ven o nos escuchan los alumnos, las familias, todos. Por ejemplo, en algunos casos pueden vernos quizá como demasiado seguros. O un poco rigoristas o exagerados. O, por el contrario, demasiado contemporizadores. O quizá demasiado centrados en determinados temas (que pueden ser muy variados).

También hay que pararse a pensar en los estereotipos con que nosotros vemos a unos y otros. Hemos de hacer un esfuerzo de autorreflexión sobre la propia forma de educar. Y tener el atrevimiento de ampliar nuestra visión, para buscar nuevas áreas comunes con quienes nos escuchan, para incorporar buenas ideas de otros, para lograr renunciar a visiones demasiado parciales. No debemos dejarnos encuadrar demasiado en estereotipos, ni encuadrar en ellos a los demás.

Por otro lado, no siempre hace falta decirlo todo, ni insistir en todo, ni responder como más nos gustaría. Hay que responder con inteligencia, con moderación, sin arrogancia. No debemos ceder a la tentación de cerrar la boca a la gente, porque, si lo hacemos, probablemente cerremos también su corazón.

También hay que tener cuidado en no exagerar, no forzar los argumentos o los ejemplos, ni presentar torpemente las objeciones para así rebatirlas fácilmente. Y, por supuesto, lo que nunca debemos hacer es mentir, ni poco ni mucho. También es recomendable habituarse a decir de vez en cuando «no lo sé», o «tendría que pensarlo». Es cierto que hoy las dinámicas de la comunicación exigen inmediatez, pero esa urgencia es compatible con tomarse un tiempo para pensar las cosas, o con procurar no repetir las palabras de siempre, sino mostrar un poco más de consideración por las preguntas o las dudas o las quejas que nos plantean.

También es interesante pensar en las personas a las que queremos llegar con nuestra enseñanza o nuestra comunicación. Es demasiado habitual que hablemos «para los nuestros», lo cual está muy bien, pero si se quiere llegar a los que están un poco más alejados, o a quienes piensan de modo diferente, entonces el lenguaje y la argumentación quizá deben ser también diferentes. Es preciso comunicar pensando en diversos niveles de conexión, procurando no incomodar, procurando pensar en cómo lo entenderán quienes están más distantes de nuestras propuestas. Y pensando también en que los que consideramos más afines viven rodeados de personas que no son tan afines y piensan de modo diferente, y por eso los afines también necesitan escuchar razones que puedan servirles cuando interactúan con esos otros. Por eso un buen educador debe ser un buen comunicador, y debe aprender a traducir las ideas a un lenguaje accesible a los más alejados de esas ideas y encontrar formulaciones que todos puedan acoger con más facilidad.

TRANSMITIR LA FE ASUMIENDO
QUE SOMOS MINORITARIOS

El asentimiento de la fe es libre, pero eso no supone que consideremos la fe como una simple opinión, o una opción más entre muchas otras. Para quienes somos creyentes, transmitir o inspirar esos valores resulta esencial en nuestro empeño educativo.

El principal ámbito de educación en la fe es la familia, que es la comunidad humana mejor dotada para hacerlo. El papel de la escuela también es decisivo, y observamos en muchos ambientes una notable hostilidad contra la presencia de la fe en las aulas. Sabemos que los valores que queremos transmitir no siempre se promueven en el ambiente donde se mueven nuestros hijos o alumnos. Se trata de un problema que siempre ha estado presente en la educación de inspiración cristiana, y sobre el que muchos autores a lo largo de siglos han manifestado su inquietud. Un desafío que quizá hoy requiere una respuesta más firme y meditada.

En sus dos mil años de existencia, la Iglesia ha conseguido evangelizar casi todas las culturas a cuyo encuentro salía con vigor misionero: los armenios, los griegos, los romanos, los germanos y pueblos del norte y este de Europa, los aztecas, los mayas, los incas, numerosos pueblos africanos, etc. Sus modos de vida se fueron haciendo cristianos gracias a la predicación y al testimonio de los cristianos, pese a ser casi siempre una pequeña minoría. Todas esas culturas fueron poco a poco abandonando los ídolos y abrazando la fe cristiana. Dejaron progresivamente costumbres como los sacrificios humanos, las castas sociales, el infanticidio, la eutanasia, la poligamia, la crueldad social, la tiranía política, etc., y fueron adquiriendo una conciencia cada vez mayor (aunque siempre mejorable) de la dignidad de todo ser humano, que pasó a ser considerado y tratado como persona, un ser creado a imagen y semejanza de Dios.

En cambio, la cultura dominante hoy en Occidente, y en particular en Europa, propone con insistencia numerosos usos paganos. Parece resistirse a conceder una referencia positiva a Dios, e incluso pretende imponer a la Iglesia toda una serie de dogmas seculares. Esa aparente desproporción ante la difícil misión evangelizadora en nuestros días no es una gran novedad: ha sucedido muchas veces a lo largo de la historia y siempre ha servido para purificar y renovar el mensaje cristiano.

Hay que asumir esa situación y no debemos desalentarnos por el descenso de la práctica religiosa. Es verdad que trabajamos contra el poder sugestivo de la incredulidad, pero precisamente en ese escenario tenemos que valorar el esfuerzo que los hijos y los alumnos hacen por manifestar la fe y obrar a la luz de ella, resistiendo contra el empuje de la indiferencia religiosa.

No basta con educar en ese mínimo de valores que son comunes a todos (que por otra parte quizá puede llegar a ser muy pequeño). La escuela y la familia deben aspirar a una identidad más propia. Por eso es tan positivo que las escuelas de inspiración cristiana formen una comunidad humana que tenga una personalidad clara y que, al tiempo, sea muy abierta. Un grupo de personas que acoge y ayuda, en el que todos se sienten parte de un proyecto común. Todos deseamos ser acogidos, necesitamos encontrar nuestro sitio, nuestro espacio, nuestra pertenencia. Todos tenemos miedo al rechazo y al aislamiento. Somos personas que buscan a otras personas. Tenemos necesidad de formar parte de algo. Formar comunidad puede ser algo muy variado, con muy diferentes niveles de implicación y de formalidad. Y en la Iglesia caben comunidades muy diferentes entre sí, y en cada comunidad puede haber también personas muy diferentes.

En ese mismo ámbito, podría añadirse que la religiosidad popular tiene también un papel importante en la familia y la escuela. La Semana Santa, los santuarios marianos, las tradiciones, romerías, procesiones y otras mil formas de expresión de la fe, forman parte desde tiempo inmemorial del modo de ser cristiano. Esa fe se mezcla con muy diversas formas de vida, con viejas costumbres, con las estaciones y el calendario de la agricultura, con la idiosincrasia popular y con su expresión festiva. Cuando la fe se encarna en la cultura de cada lugar, surge una religiosidad que tiene una riqueza propia y unas expresiones muy queridas por el pueblo que las acoge y el contexto en que se viven. Los ejercicios de piedad en torno a esas fiestas litúrgicas o las celebraciones marianas y de los santos acercan a la gente al conocimiento y el trato con Dios, impulsan el sacrificio y la generosidad, sostienen cofradías o hermandades, o muchas otras comunidades humanas que contribuyen de manera importante a la formación cristiana de los fieles y sirven para encauzar la vida de caridad hacia los más necesitados. Son un precioso tesoro de la Iglesia en el que aparece el alma de cada pueblo y por el que este se evangeliza continuamente a sí mismo. Reflejan una sed de Dios que proyecta una luz y una esperanza que atraen tanto a la gente sencilla como a la más ilustrada.

La Iglesia ha demostrado a lo largo de su historia su capacidad de integrar personas muy diferentes en todo el mundo. Caben todo tipo de sensibilidades y estilos, muchas espiritualidades, muchos carismas, muchas formas de creer y de vivir. No es un grupo monolítico. Desde luego, las organizaciones civiles suelen ser bastante menos plurales y bastante menos tolerantes con la crítica. En la Iglesia se admite, sin duda, mucha más contestación interna que en la mayoría de las empresas, partidos políticos, sindicatos o asociaciones culturales.

Y lo bueno es que esa diversidad de personas no es un obstáculo sino un estímulo para formar comunidad. Una comunidad que tiene rasgos comunes pero que percibe la diferencia como un valor añadido, como una oportunidad de aprender y enriquecerse mutuamente. Una pluralidad que nos hace crecer como personas. Que nos ayuda a integrar visiones y sensibilidades diferentes, que nos hace descubrir nuevos motivos, nuevas situaciones y nuevos argumentos, que no nos recluye en un ambiente cerrado donde todos tienen que pensar lo mismo.

Las personas buscan en la escuela una instrucción, una educación, unos valores... pero también buscan un acompañamiento, un apoyo, una pertenencia, un sentimiento de afecto. Si lo pensamos despacio, buscamos muchas cosas... pero al final siempre nos encontramos con eso, que buscamos aprecio, acogimiento, acompañamiento, comunidad. Y la fe nos propone un camino compartido, una comunidad de búsqueda. Una comunidad en la que está presente el amor a Dios, y junto a eso, y como consecuencia de eso, el amor y el cariño entre las personas, todas, aunque seamos muy diferentes. Y todo eso propicia la amistad, la misericordia, la compasión, el respeto, la comprensión. Un modo de ver a los demás en consonancia con nuestra fe. Una mirada no de hostilidad, ni de rechazo, ni de superioridad, sino de cercanía y de estima. Una mirada que, según el mensaje del Evangelio, debe alcanzar incluso a nuestros enemigos, aunque sepamos bien que no es nada fácil lograrlo.

No debe retraernos el hecho de ser minoritarios. El Evangelio habla de esa levadura, de un pequeño elemento que hace fermentar toda la masa. Una imagen quizá hoy muy actual. El mensaje del Evangelio es un pequeño fermento, pero que se vuelve decisivo para dar consistencia y crecimiento a todo el conjunto. Es una siembra discreta y callada que trae mucho fruto. No es una mirada de reconquista, sino de deseo de disolverse con humildad en medio de los afanes nobles de todos, para que puedan crecer y contribuir al bien común. Así empezó la Iglesia y así debe renacer siempre en cada lugar y momento.

Es un escenario lleno de oportunidades y de retos. Con la oportunidad de vivir la fe como una opción valiente, no por simple inercia. Con el reto de vivir contracorriente y de repensar los modos de hacer y de explicarse, para que así nos entendamos y nos entiendan mejor. Con esfuerzo por dejar atrás ideas o prácticas que responden a cuestiones que ya pasaron. Dispuestos a abandonar expresiones que ahora significan otra cosa. Resueltos a encaminarnos hacia nuevos desafíos. Con la humildad de reconocer los errores propios y de aprender de los aciertos de otros. Con la ilusión de descubrir cómo ser verdaderos portadores del mensaje genuino del Evangelio.

Ser minoritarios implica interesarse por trabajar conjuntamente con otros, aunque no se coincida plenamente con ellos. Por eso la escuela católica ve con satisfacción cualquier forma de inspiración cristiana que se presenta de una manera o de otra en proyectos educativos de personas que promueven o gestionan escuelas sin una vinculación formal con la Iglesia. O en instituciones públicas, o en personas o entidades que apenas conocen o simpatizan con la Iglesia, pero cuyos ideales tienen un amplio espacio común compartido con los valores cristianos. Precisamente la propuesta del Evangelio lleva a que los cristianos busquemos que muchas personas vivan y trabajen bajo el estímulo de esos valores y esos ideales de servicio, y siempre será una satisfacción ver brillar esa luz en numerosos proyectos fuera del perímetro de la actividad institucional católica.

EN TIERRA DE NADIE, EN TIERRA DE TODOS

José María Rodríguez Olaizola propuso la imagen de un triángulo con tres vértices, que reflejan quizá las situaciones personales más extremas.[3] En uno de esos vértices están los militantes de la fe, que enarbolan la bandera de la tradición y la defensa a ultranza de una identidad clara, muy insistentes en las cuestiones de moral personal, con una actitud defensiva ante la sociedad y cerrando filas con la autoridad y la doctrina eclesial. En otro vértice están los más activistas, herederos de movimientos sociales y de la teología de la liberación, convencidos de que es la acción transformadora en la sociedad lo que supone verdadera transparencia evangélica, que conciben la Iglesia

---

[3] José María Rodríguez Olaizola SJ, *En tierra de todos*, Sal Terrae, 2020.

casi como una ONG y son bastante críticos con la concepción vertical de la doctrina o la autoridad. En el tercer vértice estarían los antieclesiales, personas que profesan un ateísmo convencido, o que siguen una fe no institucional, o unas creencias que quizá asumen algunos contenidos de la fe pero no aceptan la mediación de la Iglesia en su práctica religiosa.

En esos extremos encontramos identidades tajantes, habitualmente con actitudes enfrentadas. Encontramos a veces una «fe líquida» (una fe a la carta, que descarta las exigencias que resultan costosas) y otras veces una «fe rígida» (que absolutiza ciertas cuestiones, que condena con facilidad y se olvida de la acogida y la misericordia). Ambas actitudes también pueden presentarse combinadas, casi siempre compartiendo sus juicios implacables contra los otros.

Muchos enseguida construyen trincheras, exigen homogeneidad y reivindican pertenencias excluyentes. Pero la mayoría de los creyentes no son rígidos ni intransigentes, ni tampoco pretenden una fe a la carta. Quieren vivir su fe, y desean hacerlo en la Iglesia y en comunidad. Pero necesitan y buscan respuestas para un montón de cuestiones que les inquietan, bien por sus propias vivencias, bien por las vivencias de quienes les rodean. Y la Iglesia ofrece un tipo de pertenencia que, si se entiende bien, ni es exclusiva ni es excluyente. La pluralidad es una gran riqueza de la Iglesia, aunque en determinados ámbitos sea hoy un tanto contracultural. Hay un gran abanico de sensibilidades, de situaciones... y todas reunidas en torno a lo esencial.

Para mucha gente, la vivencia religiosa va asociada a un sentimiento de simpatía. Y los que se oponen a la fe, suelen oponerse más por un rechazo visceral y un sentimiento de antipatía que por una convicción profunda. Y hoy, gracias al dinamismo de las redes sociales, la rebeldía tiene muchos portavoces. Los discursos son muy plurales y fragmentados. Se cuestiona la autoridad desde ámbitos muy diversos. Se pone en tela de juicio casi todo, pero eso también facilita una mayor capacidad crítica, que resulta bastante necesaria.

La realidad es compleja, y por eso, cuando no se logra acoger esa complejidad del mundo real, hay más riesgo de caer en actitudes intolerantes, de ser católicos rígidos (de un extremo o de otro) incapaces de aceptar lo diferente, en actitudes defensivas, de sospecha, de condena, de descalificación. Son actitudes hoy bien presentes, que llevan a una polarización donde los extremos tienden a considerar enemigo a todo aquel que no sea de los suyos. Ese extremismo es muy característico de la política, donde se tiende a ejercer oposición demonizando las demás opiniones. Vemos gente conservadora que es muy rígida, y vemos esa misma rigidez en los que se consideran liberales o progresistas. La rigidez no es estar en un extremo o en el otro, es una actitud que tiende a considerar las propias opiniones como las únicas legítimas.

Esa polarización no debiera trasladarse a la escuela. No debemos dividir al mundo entre buenos y malos. Sobre todo, si los buenos somos nosotros (y los que piensan como nosotros), y los malos son todos los demás. No debemos educar como si fuéramos poseedores absolutos de la verdad. Sería mejor considerarnos todos como unos humildes buscadores de la verdad, servidores de ella, respetuosos con ella. Y con esto no hablo de ser relativistas, hablo de no querer monopolizar la verdad y golpear con ella a todos a nuestro alrededor. Hablo de ser pacientes y reflexivos, de escuchar y de acoger, de descubrir lo positivo de las ideas del otro, de ser capaces de gestionar la duda y el matiz.

Hay muchas personas para las que la Iglesia no es referencia, ni camino, ni comunidad de pertenencia. Pero tienen una cierta vivencia de la fe. Y muchos de ellos acuden a escuelas de identidad cristiana, atraídos por su nivel académico, por la calidad de su atención personal o sus valores, o simplemente por tradición o por la cercanía a su domicilio. Y ahí están, observando el testimonio cristiano de la escuela a la que han confiado la educación de sus hijos. Unos ven la religión con algunas reservas, o incluso con muchas. Pueden pensar que la religión ha sido causa de muchos conflictos en la historia, que el mundo estaría mejor sin ella. O simplemente piensan que es un cuento que ayuda a los niños a ser buenos y eso les va bien cuando son pequeños. Algunos están estremecidos, y con razón, por todo lo que han escuchado sobre abusos a menores. Pueden estar enfadados con la Iglesia o cuestionar algunas de sus actuaciones o recomendaciones. Pero ahí están, en nuestras escuelas, escuchándonos.

La mayoría de las personas no está en los vértices de ese triángulo, sino más en el centro, en esa tierra de nadie que es quizá la tierra de todos. Ven a la Iglesia como institución gestionada por gente manifiestamente imperfecta, en la que conviven luces y sombras, trigo y cizaña, pecado y santidad. Quizá su conocimiento es bastante reducido y tienen una imagen muy condicionada por los medios de comunicación que siguen. Tienen sus reservas y sus reticencias, pero tampoco les parece que los motivos de crítica sean tantos como para darle la espalda.

Tienen dudas y tienen preguntas. Buscan respuestas. No les gustan las imposiciones, como nos sucede normalmente a todos. Encuentran buenos testimonios y encuentran también bastante antitestimonio. Buscan una Iglesia que sea plural, en la que quepan distintas sensibilidades, distintas miradas. Si la escuela transmite un buen testimonio cristiano, esas familias se sorprenderán positivamente cuando escuchen y vean un trabajo bien hecho, sin estridencias, con moderación, con identidad, con coherencia. Esa identidad cristiana de la escuela es un entorno privilegiado para reconducir los estereotipos que estigmatizan a la Iglesia y que proceden de viejas y arraigadas animadversiones.

Vivimos en una sociedad de discursos tajantes. Se escuchan demasiadas opiniones rotundas, dichas de manera áspera, casi siempre en oposición a otras. Es demasiado habitual que cuando uno habla, aunque lo haga con moderación y de modo matizado, se encuentre con respuestas descalificadoras y nada dialogantes. Los polemistas habituales son poco amigos del matiz, son bastante más amigos del enfrentamiento. Eso hace que muchos ya no se atrevan a hablar de casi nada. Pero no podemos dejar que ocupen todo el espacio que debería destinarse al diálogo y al encuentro. Tenemos que movernos con soltura por ese espacio, aunque recibamos críticas desde todos los extremos. Unos te verán demasiado indulgente. Otros, demasiado componedor o equidistante. Unos, como un tibio. Otros, como un fanático. Unos se escandalizarán y te tacharán de incoherente por expresar dudas. Y a otros les molestará que no expreses suficiente perplejidad.

Mucha gente apenas habla de sus creencias porque no quieren verse en medio de esas batallas. No les gustan esas discusiones. Y para evitar ese desgaste, optan por vivir su fe de un modo privado, personal, ajeno al discurso público. Pero la escuela debiera ser un espacio donde ese diálogo y ese encuentro se produzcan abiertamente y con naturalidad. Esa apertura es una de las enseñanzas propias de la escuela: aprender a escuchar a otros, a nutrirse de las buenas ideas de los demás, a compartir los propios descubrimientos, a contrastar opiniones y vivencias. Y ese debate puede ayudarnos a reflexionar sobre cómo planteamos la formación en la familia o la escuela. Porque a lo mejor educamos de modo estricto en el respeto que merece la liturgia, pero con muy poca sensibilidad medioambiental, o al revés. A lo mejor educamos con mucha insistencia en las cuestiones provida y poca en la sensibilidad social, o al revés. A lo mejor educamos con bastante insistencia en cuestiones de moral sexual y poca en generosidad personal, o al revés. Quizá educamos en un respeto absoluto del Magisterio de la Iglesia en ciertos ámbitos pero en otros de modo bastante relativo.

Jesucristo vivió en medio de las tensiones sociales e institucionales de su época. Se pronunció abiertamente sobre determinadas cuestiones y se mantuvo claramente al margen de otras. Estuvo abierto a todos. Habló con los que se acercaban a él. Le seguían personas muy diversas: desde el publicano Mateo o el fariseo Nicodemo, el recaudador Zaqueo o el ciego Bartimeo, Marta o María, sabios y gente sencilla, niños y ancianos. Fue tentado en el desierto. Lloró por su amigo Lázaro. Tuvo siempre palabras y atención para los pobres y los enfermos. Tuvo amigos y seguidores. Se enfrentó a barreras sociales. Desafió usos y costumbres muy arraigados. Transformó las vidas de quienes le rodeaban. Fue signo de contradicción. Participó en banquetes y visitó en su casa a pecadores públicos. Puso la caridad por delante de determinadas prescripciones de la ley mosaica. Vivió austeramente pero no rechazó determinados gastos que escandalizaron a algunos. Hablaba de un Dios misericordioso cuando esperaban un Dios poderoso que les librara de sus enemigos políticos. Jesucristo no era fácil de adscribir a las categorías y los esquemas de entonces, y tampoco a los de ahora. Su mensaje y su vida siguen iluminando y transformando la cultura y el sentido del mundo en el que vivimos.

El Evangelio nos pone cara a cara frente a un mundo herido y nos dice que hay que atender y cuidar esas heridas. Y en un tiempo en el que Dios para muchos ha sido «desechado», la fe no puede quedar reducida al ámbito privado, a una cuestión casi vergonzante por no molestar. Hay que creer, cada uno con sus dudas y sus búsquedas, hay que hablar y hay que despertar preguntas que nos hagan progresar y crecer.

Buscar un espacio común

Recién acabada la Segunda Guerra Mundial, y conocidos todos los horrores que acompañaron a los regímenes

236

totalitarios, la Organización de las Naciones Unidas, a través de la UNESCO, estaba comprometida a preparar una Declaración Universal de los Derechos Humanos que sentara unas bases comunes que todo el mundo pudiera reconocer. Pasaba el tiempo y los trabajos preparatorios de la Declaración estaban en un callejón sin salida, porque los desencuentros ideológicos entre las distintas posiciones de fondo eran muy fuertes. Unos insistían en que esos derechos no podían basarse en convicciones religiosas, y otros, por el contrario, lo consideraban una cuestión irrenunciable.

El Gobierno francés encargó al filósofo y embajador Jacques Maritain encabezar la delegación francesa a la Conferencia General de la UNESCO celebrada en Ciudad de México en noviembre de 1947. Le correspondió el discurso inaugural como presidente de la Conferencia, con una intervención que marcaría de modo decisivo su desarrollo. En su disertación inicial, insistió en que para resolver los problemas de la posguerra se necesitaba una organización supranacional de los pueblos, de modo que quienes estaban divididos por convicciones ideológicas muy diferentes pudieran en la práctica colaborar en objetivos comunes.

Maritain aseguraba estar convencido de que su manera personal de fundamentar los derechos humanos era la única asentada sólidamente en la verdad. Pero eso no impedía estar de acuerdo con quienes llegaban hasta esos mismos derechos humanos a partir de fundamentos muy diferentes a los suyos, e igualmente convencidos de ser los mejor fundados. «¡Y Dios me guarde —concluía— de decir que no importa saber quién tiene la razón! ¡Importa y mucho! Pero sobre la afirmación práctica final de los derechos humanos se podrán formular juntos muchos principios comunes de acción».

Según cuentan los cronistas de la época, los delegados de las naciones representadas escuchaban en silencio, cautivados. Sobre la escena internacional, que no era rica en personalidades fuertes, aparecía un nuevo personaje y unas ideas nuevas. Su llamada a todos los hombres de buena voluntad resultaba una brillante respuesta al infructuoso debate que les había precedido.

Tras su intervención, se comienza a hablar de una cooperación más efectiva entre personas de distintas visiones religiosas. El cambio de perspectiva propuesto por Maritain fue finalmente aceptado por todos. Todos quedaron sorprendidos de que los grupos más radicales de oposición acabaran estando de acuerdo con la lista de los derechos: «estamos de acuerdo con los derechos, con la condición de que nadie nos pregunte por qué». Al principio les resultaba difícil ponerse de acuerdo en cuáles eran esos derechos, pero era bastante más fácil coincidir en qué cuestiones rechazaban, y así, poco a poco, salió la lista completa. Y aunque la humanidad se encontraba dividida sobre la base de grandes desacuerdos intelectuales, se demostró que era posible una gran cooperación práctica.

Han pasado muchos años y la escena se repite constantemente. Muchos debates se inflaman de modo estéril porque falta voluntad de buscar lo que une. Falta un mayor deseo de trabajar y convivir pacíficamente. Muchos problemas quedan sin resolver porque se interpone el deseo de imponerse y someter a los demás. Porque se plantean las conversaciones como duelos a muerte en cuestiones en las que se podría disentir parcialmente y al tiempo convivir en paz. Porque hay demasiada gente que parece empeñada en que los demás piensen en todo como ellos mismos.

Puede que las ideas provoquen distancia entre las personas, pero tenemos en común nuestra naturaleza humana, y eso es muchísimo. Aunque nuestras ideas sean a veces tan diferentes, podemos vivir en armonía y en concordia, como humanos que somos, miembros de una misma familia universal.

Traigo aquí este relato porque todo ese sentido de fraternidad planetaria es una propuesta fundamental de la identidad cristiana que debe hacerse presente en la educación, tanto en la familia como en la escuela y en toda la sociedad. Desde muy pequeños, los niños y las niñas deberían observar cómo los adultos buscamos puntos de encuentro sobre los que construir un mejor entendimiento. Deben observar cómo nos esforzamos en un trabajo común aunque discrepemos en algunos fundamentos previos. Así lo resumía san Josemaría Escrivá: «Que sembréis la paz y la alegría por todos lados; que no digáis ninguna palabra molesta para nadie; que sepáis ir del brazo de los que no piensan como vosotros; que no maltratéis jamás a nadie; que seáis hermanos de todas las criaturas. Sembradores de paz y de alegría»[4].

---

[4] Puede verse aquí el vídeo de esa intervención en Buenos Aires en 1974: https://www.youtube.com/watch?v=_ntwO6Ymbio

Todas las estructuras educativas, para cumplir su misión, han necesitado siempre de personas comprometidas con ella. El gran reto está en las personas, en su grandeza de espíritu, en la elocuencia del discurso de las obras, más que en el de las palabras. Los alumnos necesitan convivir con el testimonio de personas en las que la fe se ha convertido en una fuente profunda de una inspiración natural: porque cualquier mejora personal parece menos difícil, y más atractiva, cuando la descubrimos arraigada en la vida de otros.

La sociedad ha cambiado mucho. Han caído grandes construcciones culturales que no estaban bien asentadas. Hay mucho que construir de nuevo, y debemos hacerlo con nuevos materiales que resistan los embates de la secularización y del indiferentismo. Tenemos que aportar nuevas ideas y argumentos, pero sobre todo hay que aportar estilos de vida atractivos. La gente está interesada. Tienen preguntas que quizá aún no hemos escuchado. Tenemos que movilizar a personas comprometidas, de orígenes y carismas diferentes. Contar con todo aquel que pueda ayudar a la construcción de una escuela y una sociedad mejor.

La actual secularización ha reducido en muchas instituciones educativas el talento propio del que disponen. Hay que contar más con los laicos, y podemos formar equipos más fuertes si pensamos en proyectos multi-carisma. Porque muchas veces es difícil encontrar dentro del propio carisma la persona que necesitamos en ese momento concreto para una escuela concreta, pero, con una actitud más abierta hacia otras realidades de la Iglesia, podemos encontrar las personas adecuadas que aseguren la continuidad de su misión.

Cada acto educativo es un acto de amor, y es también un hecho que siempre es observado con atención. Cada detalle de la vida de un profesor es una oportunidad de inspiración, y por eso es importante para la misión de la escuela atraer a personas sinceramente identificadas, concebir las escuelas como comunidades que conforman un ambiente escolar favorable, animado por el espíritu de libertad y de caridad del Evangelio, que hace que la fe ilumine el conocimiento que van adquiriendo del mundo, la vida y la persona.

Necesitamos una escuela que hable con fluidez el lenguaje de la caridad, idioma universal que todos escuchan y comprenden, incluso los más alejados, incluso los que no creen. Necesitamos un oído muy fino para el tic-tac de las conciencias, una mirada certera para ayudarles a encontrar a Dios en lo que les rodea, para ayudar a desvelar los designios de Dios en todo lo que nos sucede.

Es frecuente, al conocer una determinada escuela, que se plantee enseguida la pregunta «¿quién está detrás?», «¿qué tipo de católicos son ustedes? Enseguida se busca la adscripción a una determinada tribu. Está muy bien que haya estilos y comunidades diferentes, es lo natural, pero la cuestión clave es que haya colaboración y aprendizaje de unos con otros, cada uno con afecto y fidelidad a su propio carisma, pero también con apertura para aprender de lo bueno que, con seguridad, tienen los demás. Aprender a trabajar juntos, a no criticarse, a verse sin recelo ni desconfianza.

Esa apertura debiera ser una seña de identidad de la escuela, una parte esencial de su ADN. Si vemos que nos gusta solo lo que está completamente dirigido por nosotros, tenemos que saber que ahí habrá poca vitalidad. Si a todo se responde con control, con autorizaciones y desconfianza... es quizá parecido a lo que cuenta el Evangelio, cuando los discípulos fueron a Jesús a decirle «Hemos visto a uno que estaba expulsando demonios y no es de los nuestros...», a lo que Jesús les respondió. «No se lo prohibáis. Si no está contra nosotros, con nosotros está»[5]. Hay que dejar a las flores florecer. Hay que respaldar la iniciativa personal, respaldar a los que se implican, a los que se comprometen.

En la escuela hay personas que lideran, otras que escuchan, otras que acompañan. Hay gente que es servicial, atenta y dispuesta. Hay quien siempre tiene una mirada positiva, de ánimo, de apoyo. Hay otros más inconformistas, más críticos, que siempre señalan los puntos en los que hay que mejorar. Hay otros muy sobrenaturales y que siempre tienen una palabra que abre la mirada hacia algo más elevado. Hay quienes siempre saben detenerse ante el que sufre o tiene cualquier dificultad. Hay gente que acoge, que escucha, que siempre tiene la palabra acertada y en quienes todos buscan su atención y su consejo. Hay quienes sufren ante las contradicciones que observan y lo dicen con dolor. Hay quienes aportan mucho, pero necesitan un respaldo y una mirada de aprobación. No podemos querer ni pretender que toda la comunidad educativa sea homogénea, plana y complaciente.

---

[5] Cfr. S. Marcos 9,39-42.

Tampoco podemos tener como objetivo ser un conjunto de personas afines que ven con superioridad o con desdén a quienes no piensan como nosotros. Debemos amar la pluralidad, vernos como una comunidad cristiana formada por personas de diferente origen, diferentes sensibilidades y diferentes carismas. Cuando las personas se conocen mejor, y conviven más, se descubren unas a otras, y entonces desaparecen muchos rechazos, muchas distancias y muchas descalificaciones. La armonía de quienes se escuchan y se respetan es la mejor arma contra esa «deforestación» de la esperanza que provocan los excesos de uniformidad.

Caminamos dentro de esa gran comunidad que es toda la escuela de inspiración cristiana. Y comprobamos que tiene deficiencias, mejor dicho, que tenemos deficiencias. Y eso nos duele, porque siempre nos duele más lo que apreciamos más. Pero otras muchas veces, comprobamos que nos entusiasma, que es genial, que la necesitamos. Y eso sucede sobre todo cuando sabemos mirar con una mirada de agradecimiento, cuando sabemos ver a las personas más por sus cualidades que por sus defectos, cuando sabemos valorar ese gran tesoro que llevamos en vasos de barro[6], un tesoro escondido bajo nuestras muchas limitaciones. Un tesoro que es un mensaje que atraviesa la historia prestando un gigantesco servicio a toda la humanidad. Un mensaje que convierte la humanidad en una familia que es siempre fuente de inspiración para todos.

------

[6] «Pero tenemos este tesoro en vasos de barro, para que la extraordinaria grandeza del poder sea de Dios y no de nosotros» (2 Cor 4, 7).

Los Juegos Olímpicos de México dejaron muchos momentos para el recuerdo, pero quizá uno de los más destacados fue la sorpresa que dio un atleta de salto de altura, un norteamericano de 21 años llamado Dick Fosbury.

Fosbury había descubierto que le iba mejor saltar de espaldas. Tomaba carrerilla de forma transversal y, poco antes de llegar al listón, se giraba y saltaba de espaldas. Era un estilo más efectivo desde un punto de vista biomecánico, pues permitía dejar menos espacio entre el listón y el centro de gravedad del saltador, con lo que ganaba altura. Con ese estilo se clasificó para los Juegos Olímpicos y se presentó aquel memorable 20 de octubre de 1968 en el Estadio Olímpico de Ciudad de México.

Cuando el público vio a aquel chico con camiseta de tirantes azul marino dar su primer salto de una forma «tan poco natural», la mayoría lo consideró una excentricidad. Pero al ver los resultados de los saltos siguientes, se convirtió en la gran atracción. Ya nadie prestaba atención más que a ese rubio pecoso, con una zapatilla blanca y otra negra, que acabó demostrando que su técnica era muy válida, puesto que, tras 12 saltos, logró la medalla de oro con 2,24 metros, derrotando a los grandes favoritos, su compatriota Edward Caruthers y el ruso Valentin Gavrilov.

Hasta ese momento, todos los saltadores de la historia habían empleado la técnica del rodillo o bien el estilo tijera. Pero ese día Fosbury pulverizó aquellos modos de saltar que parecían incuestionables y que se abandonaron en poco tiempo.

Dick Fosbury no logró la clasificación para los siguientes Juegos Olímpicos de 1972, pese a ser muy joven aún. Quedó claro que no era de los saltadores más dotados de su época, pero gracias a su innovación consiguió ser campeón olímpico y cambió por completo la forma de entender en lo sucesivo el salto de altura. Tenía peores cualidades para el atletismo que sus competidores, pero quizá eso mismo es lo que le ayudó a descubrir aquel nuevo estilo, tan sorprendente entonces, que le hizo superar a todos sus adversarios. Lo logró gracias a su perseverancia, pero también gracias a su pensamiento *outside the box*, a esa capacidad de pensar de manera diferente, poco convencional, desde una perspectiva nueva. Volvió a mostrar que muchas barreras que nos retienen deben convertirse en un desafío para nuestra creatividad y nuestro esfuerzo.

Pensar *outside the box* es mirar un poco más lejos y tratar de no quedarse en lo de siempre, sino ir más allá. Podemos aplicarlo también a nuestro modo de educar en la familia o la escuela. La mayoría de las veces, para mejorar, basta con hacer las cosas un poco mejor de cómo se venían haciendo. Pero hay otras ocasiones en que, para mejorar, es preciso hacer algo diferente, incluso algo muy diferente. La identidad cristiana de una persona, una familia, o una escuela, a veces puede exigir un cambio o incluso una disrupción frente a lo que hacen los demás, o respecto a lo que hasta entonces hacíamos nosotros mismos. Atreverse a cambiar respecto a lo que hacen todos, o atreverse a cambiar respecto a lo que nosotros hemos hecho siempre, puede suponer un desafío, pero es que, muchas veces, para obtener resultados diferentes hay que decidirse a hacer cosas diferentes.

Hay personas que defienden demasiado las costumbres y tradiciones establecidas, que repiten mucho lo de «siempre se ha hecho así» y no quieren asumir los riesgos que supone el cambio. Se aferran a lo que han hecho siempre y se detienen ante esas «creencias limitantes» que les impiden avanzar en su misión.

En las instituciones, cuando se produce el relevo de los fundadores, o cuando se pasa de una generación a la siguiente, es habitual que aparezca también este debate. Los carismas se regeneran cuando una generación es capaz de dejar crecer a la siguiente con una libertad que les permita comprometer su vida en esa misión. Esa confianza es un riesgo, pero es lo que permite que los carismas sigan floreciendo. Por eso es preciso que las instituciones dejen espacio a esas personas que hacen una crítica constructiva, que son portadores de una cierta dimensión profética, aunque, claro está, hay que saber distinguir bien entre el buen trigo de los buenos profetas de la mala cizaña de los falsos profetas. Los verdaderos profetas suelen ser un tanto disruptivos, pero siempre con lealtad, mientras que los falsos profetas buscan su protagonismo, su comodidad y sus intereses, y por eso sus mensajes suelen rebajar las exigencias o los ideales[7].

Si el gobierno de esas instituciones se parapeta en fijar normas y reglamentos detallados con los que preservar la situación actual, todo eso acaba siendo una camisa de

---

[7] Para este epígrafe, cfr. Luigino Bruni, «Capitales narrativos», https://www.luiginobruni.it/es/oi-cn.html

fuerza para la siguiente generación. Es mejor reconocer a los verdaderos profetas, que quizá andan desperdigados por las periferias de la organización, y darles espacio y escucha, de modo que el carisma original no se convierta en una pieza de museo que va perdiendo vigencia… y que tampoco suceda lo contrario, es decir, que se produzcan desviaciones o relajaciones del carisma original.

Pero si se frena a las personas innovadoras que pueden impulsar esa transformación, porque se perciben como un peligro, o si se quiere pilotar en detalle cada nuevo cambio, esa renovación no se producirá. Si se quiere tener la certeza de que todos los ensayos sean buenos y sin riesgo, tampoco se avanzará. No se puede cultivar el trigo queriendo impedir de modo absoluto la cizaña. Ni se puede innovar cuando se tiene demasiado miedo al error o a la crítica, incluida la crítica interna. Esa innovación necesaria nacerá algunas veces por impulso de quienes mandan, pero otras veces nacerá de una iniciativa personal no planeada, o provendrá incluso alguien un poco disruptivo que en parte nos incomoda. Por eso quizá hay que quitar algunas de las «barreras arquitectónicas» que se construyeron cuando la situación era distinta, pero que ahora estorban para que el carisma se desarrolle.

Ningún carisma se agota en las formas en que se desplegó en su etapa fundacional, igual que la fe cristiana no se agotó en las formas pastorales de los primeros tiempos de la vida de Jesucristo. Cada carisma debe descubrir nuevas realizaciones que no surgieron en sus etapas iniciales, pero que son necesarias para que no quede encerrado en las limitaciones del pasado contexto histórico. Por ejemplo, es habitual que el carisma se encuentre rodeado de toda una serie de estructuras y reglas, escritas o no escritas, muchas veces procedentes de un contexto histórico concreto. Ese revestimiento, que se tejió en su día como un escudo protector, puede llegar a ser un obstáculo que bloquea el crecimiento y oscurece el futuro. A veces no es fácil distinguir entre qué es ropaje y qué es carisma originario (como ha sucedido históricamente por ejemplo con la revelación cristiana, que no siempre es fácil de deslindar de las formulaciones y aplicaciones prácticas), pero se trata de un discernimiento decisivo.

Las crisis de las instituciones suelen ser con frecuencia crisis de historias capaces de conmover a las personas. Ese «capital narrativo» es fundamental para atraer talento, porque despierta e impulsa la parte más profunda y auténtica de las personas. No debe dejarse que ese capital narrativo se quede en una propuesta de mantenimiento de unas obras o unas tareas, porque eso puede atraer simpatizantes, pero no atrae a personas comprometidas. Es preciso generar nuevas narrativas, nuevos horizontes que se suman a las primeras narrativas fundacionales y las hacen volver a brillar.

Es cierto que siempre hay normas y reglamentos que son fundamentales para mantener vivas las instituciones y evitar que se desnaturalicen en múltiples interpretaciones discordantes. Pero quienes gobiernan saben que deben ser pocas, y que es importante preservar la pluralidad, aunque no sea fácil de gestionar, como sucede con la vida, los hijos o la familia. Esa sabiduría de gobierno ayuda a ensanchar el corazón y abrir las ventanas de la casa, en vez de fomentar el monocultivo como único camino bueno para el futuro. Es bueno leer de muchas fuentes, escuchar a personas muy variadas, aprender de experiencias diferentes, admirar genialidades de otros, impedir que se pierda la biodiversidad, tan importante para la fecundidad institucional.

Por otro lado, cuando más urgente es el cambio, más se tiende a demorarlo complaciéndose en los pocos frutos que aún siguen llegando. Pero esos frutos son rentas decrecientes del pasado y es preciso buscar rentas nuevas. Para impulsar cualquier institución es necesario enriquecer ese capital narrativo, alimentar los buenos deseos, sabiendo que serán muy plurales y que no estarán todos bajo nuestro control. Para escribir nuevas historias capaces de motivarnos y motivar, hacen falta nuevos deseos libres y grandes. No basta una simple traducción de lo mismo a un lenguaje más actual: es preciso desarrollar un trabajo cultural específico acerca de la propia identidad, que permita que los ideales fundacionales desplieguen sus alas para poder volar más alto.

Una narrativa positiva, conciliadora, razonadora, no recriminante

La fe es un valioso legado que se puede transmitir en la familia y la escuela, a los hijos y a los alumnos. Lo hacemos con la mejor voluntad, pero a veces nos decepciona un poco el resultado, o miramos alrededor y nos inquieta lo que sucede a otros. Se trata de un asunto muy antiguo en la educación de inspiración cristiana, expresado con preocupación por muchos autores a lo largo de los siglos.

El principal ámbito de educación en la fe es la familia, que es la comunidad humana mejor dotada para ello. La educación de la fe no es mera enseñanza, sino transmisión de un mensaje de vida. La palabra de Dios adquiere una fuerza mucho mayor cuando se encarna en la persona que la anuncia. Esto vale de manera particular para los niños, que apenas distinguen entre la verdad anunciada y la vida de quien la anuncia.

Los chicos y las chicas nos conocen a los adultos bastante bien, tanto en lo bueno como en lo no tan bueno. No debemos menospreciar su agudeza y su perspicacia, aunque parezcan pequeños o ingenuos. Todo lo que los adultos decimos o hacemos, o dejamos de hacer, es un mensaje que de alguna manera les forma o les deforma, porque ellos buscan siempre modelos humanos que les sirvan de referencia.

Los adultos no podemos pretender ser sabios siempre, o siempre ejemplares en todo, porque eso es imposible. Pero sí podemos dar ejemplo de personas que siempre quieren aprender y mejorar. Podemos ser ejemplo de personas cercanas que generan en su entorno un ambiente de confianza y de amistad. Esto es importante también para la fe, pues muchos chicos y chicas flaquean en su fe porque, cuando vienen los problemas, no encuentran con quién hablarlos en confianza. Por eso debemos pensar cuáles son los rasgos de la persona a la que acudiríamos a consultar una preocupación seria. Y quizá vemos que ese «perfil de confianza» tiene unos rasgos bien claros, y que debemos ser personas afables, serenas, cercanas, asequibles, que saben escuchar, y que lo hacen con lealtad.

Es importante escuchar qué les preocupa, sin pretender dar respuesta a todo. Es primordial que se sientan acogidos con interés, no tanto lo que luego les vayamos a decir. No debemos caer en el consejo precipitado, reiterativo o innecesario, ni en los excesos de rotundidad. Ni recordarles otra vez en qué se equivocaron, cuando lo saben ya de sobra. Ni incurrir en el «furor aconsejador», el «furor condenatorio» o el «furor opinador». Es mejor evitar las observaciones moralizantes innecesarias. Debemos aprovechar las buenas ocasiones, cuando vemos que fluye la confianza en una buena conversación. Y al tratar los temas más delicados, que les cuesta expresar, procurar ahorrarles las palabras fuertes, adelantando posibles respuestas. Cuidando mucho la proximidad y la afabilidad, el modo de tratar a cada uno, la calidez del tono de voz, la sonrisa.

También sabemos que educar no es un asunto simple, ni siempre previsible. A veces podemos hacer las cosas bien pero luego el resultado no sale bien, al menos aparentemente. Cuando está por medio la libertad personal, no siempre las personas hacen lo que más les conviene, o lo que nosotros pensamos que más les conviene. Educar en la fe no es tanto cuestión de estrategia y de programa como de ayudar a cada uno a descubrir el designio de Dios para su vida. Debemos pensar en cada uno, pedir a Dios luz para iluminar el camino de las personas, pero son ellos los que caminan. Nuestra labor de orientación y de ayuda debe buscar que cada uno se enfrente con sus propias responsabilidades humanas.

Para educar en la fe es vital la cercanía a Dios en la oración y en los sacramentos. También es decisiva una formación apologética práctica, que pueda dar respuesta a las dudas que se les presentan, porque una fe sin suficiente fundamento racional es muy vulnerable ante el acoso intelectual que constantemente sufren. También es importante la virtud, porque si hay buenos deseos pero poca virtud (por sobreprotección, por exceso de comodidades, por afán de satisfacer todos sus deseos), entonces los caminos de la virtud se borran y acaban pensando y sintiendo como viven. El ambiente tiene una gran fuerza, a favor del crecimiento o en su contra, como sucede por ejemplo en el cuidado de un jardín: nosotros no hacemos crecer a las plantas, pero sí podemos proporcionar la ayuda y el ambiente adecuado para que las plantas crezcan.

No debemos minusvalorar el efecto que produce en ellos el contraste con quienes no viven la fe como nosotros. Ante cada cosa que nosotros queremos enseñarles, por otro lado puede estar recibiendo un bombardeo de ideas contrarias. Por eso hay que consolidar la confianza durante los años en que hay mejor sintonía, porque habrá también etapas más difíciles. Y hay que esforzarse en generar una buena comunicación, porque muchas veces lo que nos falta no son ideas o argumentos, sino capacidad de comunicarnos. Transmitir la fe es, en definitiva, transmitir un mensaje, el Evangelio, la buena nueva, y por eso la capacidad de comunicación es una cuestión clave, es esencial, no es una cuestión secundaria.

Y por eso la fe debe enmarcarse en una narrativa conciliadora, positiva, razonadora, no polemizadora, no recriminante. Debemos ver el mundo, y lo moderno, con buenos ojos. Tender puentes. Abrir panoramas y proyectos de vida atractivos, de trabajo bien hecho, de servicio a los demás, de mejorar uno mismo y hacer mejorar el mundo en la medida que podamos. Proponer cosas a las que apetezca sumarse. Preocuparnos por las necesidades de las personas corrientes. Pensar en las periferias existenciales, en el misterio del pecado, del dolor, de la injusticia, de la ignorancia, de la indiferencia, de las familias rotas, de las adicciones...

Evangelizamos a gente con muchos problemas. Y debemos aplicar nuestro ingenio para llegar a todos, sin estar frenados por el «siempre se ha hecho así», sin tratar a nadie con ese aire ridículo de superioridad que juzga enseguida a los demás como retrógrados o como heterodoxos. Dios está presente en la vida de cada persona. Aunque sea una vida desastrosa, destrozada por el vicio, Dios está ahí. Aunque parezca un terreno lleno de maleza, siempre queda espacio donde puede arraigar la buena simiente. Basta un resquicio para que Dios pueda entrar la vida de cualquiera, por pecador que nos parezca. Nadie está definitivamente atrapado en su pasado, sea el que sea. «La realidad se ve mejor desde la periferia que desde el centro. Incluida la realidad del individuo, la periferia existencial: puedes tener un pensamiento muy estructurado, pero, cuando te enfrentas a alguien que no piensa como tú, de algún modo tienes que buscar razones para defender tu pensamiento; empieza el debate, y la periferia del pensamiento del otro te enriquece (...) El amor es exigencia y experiencia concreta. Todos los individuos pueden cambiar. También los individuos muy experimentados, todos. Esto no es optimismo. Es certeza en dos cosas: ante todo en el hombre, en la persona. La persona es imagen de Dios, y Dios no desprecia su propia imagen, de algún modo la redime, siempre encuentra la manera de recuperarla cuando está ofuscada»[8].

Hay que hacerles sentir la Iglesia como algo muy propio, muy cercano. Facilitar que descubran la figura de Jesucristo, con toda su fuerza, porque «no se comienza a ser cristiano por una decisión ética o una gran idea, sino por el encuentro con un acontecimiento, con una Persona, que da un nuevo horizonte a la vida. Y, con ello, una orientación decisiva»[9].

Todo esto requiere formarnos bien. Dedicar tiempo a «afilar la sierra», sin excusarnos en que nos falta tiempo. Porque si no afilamos la sierra porque nos urgen una serie de tareas en las que no somos eficientes (precisamente por no afilar la sierra), nos irá cada vez peor. Para ser buen médico no basta con haber visto muchas veces a muchos pacientes: hay que leer, pensar, cuestionarse, preguntar, dudar, investigar, contrastar, viajar... Tampoco basta con hacer simplemente lo que otros antes hicieron con nosotros, porque el mundo desde entonces quizá ha cambiado bastante. Y sabemos que las buenas ideas propias suelen nacer al leer o escuchar buenas ideas de otros. Sin miedo a aprender también de los que tienen algunas o bastantes ideas que consideramos equivocadas. Tratando con esas personas que, después de hablar con ellas, salimos con la impresión de que sabemos aún poco y tenemos que leer y aprender mucho más.

---

[8] Papa Francisco, *Esperanza. La autobiografía: Memorias del papa Francisco*, Plaza&Janés, 2025, p. 224.

[9] Benedicto XVI, *Deus Caritas est*, 25 diciembre 2005, n. 1.

Debemos demostrar, con nuestro modo de hablar de lo sobrenatural, que la fe es fuente de alegría, de dicha y de entusiasmo. No seamos aguafiestas. No hay que centrarse en lo que no logran hacer, sino apoyarse en lo que veamos que pueden avanzar. Abrir horizontes. Ilusionar. Cada pequeño detalle de mejora debe plantearse como una expresión de algo grande. Hablar de Dios de modo positivo, no reiterativo o tedioso. La realidad de Dios es algo que hay que hacerles descubrir y querer, no un instrumento con el que recriminar sus acciones o sus actitudes.

Cuenta mucho el impulso de la familia, el modo en que se educa a los hijos, el modo en que se vive el amor matrimonial, el modo en que se transmite toda esa cultura y esos valores. Si ese impulso de la familia está en sintonía con la escuela, eso tiene una fuerza arrolladora. Lo esencial es llegar al fondo del corazón humano y alentar lo mejor que hay en él. Y decir bien claro que lo bueno y lo bello y lo verdadero se imponen por su propia fuerza. Mostrar que, sobre la cultura que transmitamos a la siguiente generación, el egoísmo no puede tener la última palabra. Que la Iglesia, y las escuelas y familias que se inspiran en sus enseñanzas, son grandes aliados en todo ese gran empeño cultural. Es algo a lo que merece dedicar la vida, como educadores, en la familia o en la escuela o en la vida social, con un enfoque siempre lleno de esperanza.

UNA COMUNIDAD HUMANA UNIDA
EN TORNO A UNA MISIÓN DE SERVICIO

Cualquier escuela, para cumplir su misión, necesita profesores y directivos comprometidos. Y los compromisos más profundos y duraderos no son propiamente con la escuela, sino con el «para qué» de la escuela, con su propósito como institución.

Cada vez hay más estudios y más consenso de que, lo que realmente genera compromiso, es el propósito de la organización. Para atraer el mejor talento, y para hacerlo crecer, la escuela tiene que demostrar que es un lugar donde todos se sienten vinculados a algo que llena de sentido su trabajo y que aporta valor a la sociedad. Esa es la raíz del compromiso, lo que genera unidad y sentido de pertenencia, decisivos para la calidad de la escuela.

Hay que lograr que la escuela sea una comunidad humana unida en torno a una misión en servicio a la sociedad. Eso se logra fomentando el sentido de comunidad. Impulsando el trabajo en equipo y la colaboración. Estableciendo espacios en los que se puedan compartir ideas, en los que cada cual se sienta escuchado y valorado. Creando unas condiciones de trabajo que potencien las relaciones interpersonales de calidad. Haciendo que todos sepan qué hacen los demás y entiendan mejor cómo cada uno contribuye a un mejor resultado de conjunto. Estableciendo momentos en que se puedan poner en común inquietudes o problemas en un ambiente seguro, en el que se reconozca el trabajo bien hecho de cada uno.

La proximidad psicológica en el ámbito laboral depende mucho de generar una cultura constructiva, que tenga como centro la persona y su desarrollo. Tener en cuenta a la persona supone aprender a delegar más y mejor, para implicar más a todos. Bajar el centro de gravedad de nuestro estilo de gobierno. Escuchar más. Preguntar más. Compartir más. Reconocer más los esfuerzos.

Cuando trabajamos así, todos sentimos que en nuestro trabajo diario hay mucho más de lo que marca un contrato. A ninguna escuela puede bastarle lo formalmente exigible. Y a ningún profesor le basta únicamente con recibir un sueldo para dar lo mejor de sí mismo. La escuela necesita precisamente lo que no se puede conseguir de la persona mediante un contrato: su entusiasmo, su alegría, su creatividad, su sentido de servicio. Y esto solo se logra si el trabajador quiere poner su alma y su corazón en el trabajo. Y sabemos que, trabajando así, somos mucho más juntos que solos, porque se produce una inteligencia colectiva que no resta ni divide, sino al contrario: cada vez que compartes, sumas esfuerzos, unes a las personas y multiplicas los resultados.

La inteligencia colectiva implica un liderazgo compartido. Los demás ven más, y quizá también ven antes, si tienen el valor de decirnos lo que ven, y nosotros el valor de escucharlo. Eso aleja el peligro de nutrirnos demasiado de lo propio. Nos ayuda a sentir la necesidad de aprender, escuchar y ser criticado. El liderazgo y el buen gobierno no consisten solo en tomar las decisiones correctas sino también en implicar en ellas a la gente precisa. También es inseparable de una cultura de colaboración, de ese deseo constante de aprender de otros, de no estar a la defensiva, de ver el conocimiento, la experiencia y la formación como agua que corre, no como agua estancada. Ese sentido de ayuda mutua debe estar presente entre los alumnos, con las familias, entre las familias, entre los profesores, entre las escuelas... y también hacia fuera, porque nos sentimos fuertemente implicados en la construcción de la sociedad.

Una sociedad o una institución donde cada uno procura cumplir con esmero su trabajo, con celo por servir con deferencia a los demás, con puntualidad, excediéndose cuando resulta necesario, eso supone una gran riqueza para ese colectivo humano. Una riqueza por la que todos consideran provechosa su vida porque sienten que sirven a una misión necesaria, por modesta que parezca su propia aportación, pero que es una aportación requiere de todo su esfuerzo y su habilidad. El amor al trabajo bien hecho hace que se respire la gratitud general que se experimenta cuando el trabajo de cada uno es asunto de interés general. Quienes saben vivir con intensidad ese sentido de servicio en su trabajo, disfrutan de la vida con plenitud. Los que son perezosos o egoístas, malviven cuando trabajan, porque trabajan con desgana, y malviven luego cuando no trabajan, porque piensan demasiado en que tienen que volver a trabajar.

Quienes trabajan bien, ponen en todo lo que hacen algo de sí mismos, que no puede comprarse ni venderse, porque es algo que solo se da libre y gratuitamente, aunque se cobre un sueldo por ello. Solo ese afán de servicio nos hace verdaderamente libres en lo que hacemos. Lo que se hace sin ese sentido de servicio ya está suficientemente pagado, con el sueldo o con el precio. Quien hace bien su trabajo en servicio libre a una misión personal, con un celo que va más allá de lo estrictamente necesario o exigible, manifiesta entonces ser realmente libre, y merece algo que solo se puede pagar con la gratitud del reconocimiento.

Hay bienes que no disminuyen si se comparten, sino que crecen al compartirse: el saber, la gratitud, la confianza, la cooperación, el cuidado, el servicio, la alegría, la paz, la esperanza, la compañía, la justicia, la concordia. Por eso la familia, o las comunidades educativas, deportivas, culturales, religiosas... son ámbitos propicios para transmitir la dinámica del servicio, para cultivar el deseo de esos bienes que se disfrutan y crecen cuando se comparten[10].

Todos mejoramos cuando estamos en entornos estimulantes. La escuela debe luchar a diario por generar un ambiente donde las personas trabajan en armonía, y eso genera ganas de trabajar cada vez mejor. Crear lazos de confianza, forjados por personas centradas en el horizonte del bien común. Así serán siempre escuelas que humanizan la sociedad.

La fuerza del testimonio personal

Desde una edad bastante temprana, el niño tiene conciencia de que hace cosas mal. Aunque tenga un aspecto ingenuo y angelical. A su nivel, reconoce y valora con suficiente claridad el bien y el mal. Y si comprende esto, y se acostumbra a pedir perdón por lo que hace mal, eso siempre le hará un gran bien.

Desde muy pronto distingue, y quizá bastante mejor de lo que nos parece, entre el bien y el mal. Es cierto que sus malas acciones suelen ser cosas que a nosotros nos parecen de poca importancia, pero para él sí tienen

---

[10] Cfr. Higinio Marín, *Agorafilia*, 2021, pp. 60-62 y 114-115.

importancia. Son malas acciones a su nivel, pero malas acciones. Tiene experiencia (igual que los adultos) sobre lo que es hacer el mal y ofender a los demás y a Dios. Es positivo que se sienta mal consigo mismo respecto a sus malas acciones, y que escuche esa voz (que debiera ser amistosa) de su conciencia, que se lo reprocha, como nos pasa a todos.

Hay que buscar ocasiones en la vida diaria para ayudarle a educar esa sensibilidad. Al permitirte ese desahogo de tu mal carácter, has actuado mal. ¿Ha valido la pena, aunque tuvieras razón? O aquella mentira..., ¿por qué? O al mostrarte egoísta con quien te pidió ayuda.... O aquel otro que te molestó, y te enfadaste..., y mantienes el rencor de ese desencuentro... ¿Estás actuando bien? ¿No estás arrepentido de haberlo hecho? Son ejemplos de cosas pequeñas, pero las hay más graves. Tenemos que saber que ofendemos mucho, a los demás y a Dios, y que necesitamos pedir perdón, y que podemos confesarnos. Confesarse es abrir el alma ante Dios por mediación del sacerdote. Dios nos perdona y nos da fuerza para afrentar nuestras malas inclinaciones y superarlas.

Cuando una persona se arrodilla en el confesonario porque ha pecado, en aquel preciso momento contribuye a aumentar su propia dignidad como persona. Aunque esos pecados pesen mucho en su conciencia, el acto en sí de volverse hacia Dios es una manifestación de su grandeza espiritual, de la grandeza del encuentro personal con Dios en la verdad interior de su conciencia. Los no creyentes se preguntan si es apropiado revelar los más íntimos secretos a alguien que tal vez sea un extraño. La confesión fue, sin duda, una innovación audaz de la fe cristiana. Es un mandato del propio Jesucristo a su Iglesia, cuando dio a los apóstoles ese poder para perdonar los pecados: «a quienes perdonéis los pecados, les quedan perdonados; a quienes se los retengáis, les quedan retenidos»[11]. La confesión es una de las innovaciones más impresionantes del Evangelio. Cuando el sacerdote confiesa, además de perdonar los pecados, actúa de alguna manera como acompañante del drama de la vida de esa persona. Acompaña a otro ser humano como él, estimula su criterio espiritual, le ayuda a hacer más profunda su fe y a mejorar su discernimiento cristiano, que no puede quedarse en un simple conjunto de obligaciones y prohibiciones morales. En el confesonario, el sacerdote se encuentra con esa persona en lo más hondo de su humanidad, ayuda a cada uno a manejarse en su propia vida, única e irrepetible. Un camino lleno de esperanza, pero presidido por la inevitable tensión entre la persona que soy y la persona que quiero y debo ser.

La Iglesia busca reconciliar a cada ser humano con Dios, con el resto de la humanidad, con toda la creación. Y una de las maneras que tiene de hacerlo es recordar al mundo la realidad del pecado, porque esa reconciliación es imposible sin nombrar el mal que origina la división y la ruptura. El pecado es una parte esencial de la verdad acerca de las personas. Cada persona puede hacer el mal, y lo hace. Y se abre con ello una doble herida: en uno mismo y en sus relaciones con su familia, amigos, vecinos, colegas y hasta con la gente que no conoce. Llamar por

---

[11] Cfr. S. Juan 20, 19-23.

su nombre al bien y al mal es el primer paso hacia la mejora personal, hacia el perdón y la reconciliación, hacia la reconstrucción de cada persona y de toda la humanidad. Tomarse en serio el pecado es tomarse en serio la libertad humana. Cuanto más se acerca el ser humano a Dios, más se acerca a lo más profundo de su humanidad y a la verdad del mundo.

En toda educación cristiana se sabe, por experiencia, qué buenos resultados da la coherencia de una fe aprendida en la escuela y en el hogar. El niño aprende así a colocar a Dios entre sus primeros y más fundamentales afectos. Aprende a rezar, siguiendo el ejemplo de sus padres y sus educadores, que le transmiten una fe que arraiga con naturalidad cuando la contempla hecha vida en ellos. La educación de la fe no es mera enseñanza, sino transmisión de un mensaje de vida. El niño tiene necesidad de aprender y de ver que sus padres se quieren, que respetan a Dios, que saben explicar las verdades de la fe, que saben exponer su contenido en la perseverancia de una vida de todos los días construida según el Evangelio.

Ese testimonio es fundamental. La palabra de Dios es eficaz en sí misma, pero adquiere una fuerza mucho mayor cuando se hace presente en las personas que la anuncian. Lo primero es demostrar, con nuestro modo de hablar de lo sobrenatural, que la fe es fuente de alegría y de optimismo. Sería muy negativo tener un aire desagradable cuando se habla de Dios. La actitud de los adultos al recitar unas oraciones, nuestro modo de hacer la señal de la cruz, el respeto y recogimiento con que nos acercamos a comulgar, son detalles que, sin darnos cuenta, tienen quizá más influencia que nuestros más encendidos discursos.

Educar en la fe tiene mucho de testimonio y de diálogo, y no tanto de sabias lecciones teóricas. Por ejemplo, si el niño ve que quienes le anuncian la fe son egoístas o malhumorados, o que incumplen lo que prometen, o que recurren (siempre acaba dándose cuenta) a la mentira o la media verdad para salir de algún problema, no valorará mucho nuestras explicaciones sobre las excelencias de la generosidad, la justicia o la sinceridad.

Hay todo un estilo cristiano de ver las cosas y de interpretar los acontecimientos de la vida, y ha de respirarse en la familia y la escuela. Lo captará, por ejemplo, viendo el modo en que aceptamos una contrariedad. O al advertir cómo reaccionamos ante una persona cargante o inoportuna. O viendo cómo cedemos en nuestras preferencias por facilitar las cosas a los demás. Así se irá nutriendo de ideas de fondo que tejerán todo un vigoroso entramado de virtudes cristianas. Aprenderá a respetar la verdad, a mantener la palabra dada, a no encerrarse en su egoísmo, a no ser derrotista, a ser sensible a la injusticia o al dolor ajeno, a templar su carácter, a cuidar de la naturaleza. Siempre surgen multitud de ocasiones de hacer una consideración sobrenatural sencilla, sin excesiva afectación y sin excesiva frecuencia. Se trata de que vean cómo la fe se traduce en obras concretas y que no son formalidades exteriores vacías o inconexas.

Cuando son pequeños, conviene hablarles de Dios, y de nuestro deseo de agradarle y de no ofenderle. Y todo ello con naturalidad, sin demasiada retórica. Una fe profunda y bien arraigada será siempre un respaldo y una guía moral en el camino de la vida, sobre todo en los momentos difíciles. Algo que a lo largo de su vida le permitirá mantenerse firme aun en los instantes de mayor dolor o amargura. Siempre hay ocasiones en las que tratar con naturalidad temas un poco más trascendentes, sin ser pesados. Para muchos padres, ha sido precisamente la preocupación por educar correctamente a sus hijos y darles un buen ejemplo, lo que les ha llevado por un camino de mayor cercanía a Dios y que ha venido a facilitar su propia coherencia y cambio de vida.

¿Hay futuro?

La familia y la escuela católica corren el peligro de afrontar el declive de la religiosidad con palabras y con ideas que han envejecido, que no se han madurado nuevamente, que no se han forjado en el pensamiento y en la experiencia recientes. A menudo nos centramos demasiado en cómo resolver los problemas, cómo llenar las escuelas, cómo mantener la actividad pastoral. Y cuando nos comparamos con el pasado, cuando la situación era supuestamente mejor, con un mayor número de creyentes y de vocaciones, puede parecer que el desafío del futuro es demasiado arduo y hay que contentarse con conservar como se pueda lo que ya se tiene. Pero esa resignación es un camino seguro a la irrelevancia. Por eso es preciso pensar en nuevas estrategias que saquen a la luz el gran caudal renovador del mensaje cristiano.

Hoy día, como ha señalado Andrea Riccardi[12], la sensación de que la Iglesia es irrelevante es compartida

---

[12] Cfr. Andrea Riccardi, *La Iglesia arde: La crisis del cristianismo hoy: entre la agonía y el resurgimiento*, capítulo 10.

incluso por aquellos que, hasta no hace mucho, la criticaban por su enorme poder y le reprochaban su prepotencia, su riqueza o su injerencia en la vida pública. En este panorama general de inquietud por mantener la situación con fuerzas menguantes, es preciso revisar estructuras pastorales que quizá son inadecuadas, potenciar nuevas iniciativas más creativas, y confiar de verdad en los laicos, confiar en las mujeres, confiar en los jóvenes, confiar en la autonomía y la pluralidad de los proyectos, confiar en lo que contribuya a hacer presente el mensaje vital del Evangelio.

Hay que salir de esas dinámicas pesimistas que generan personas apáticas o indiferentes, resignadas, con sueños solo para sí mismas, limitadas por la sensación de declive o por la ausencia de ideas. El pesimismo tiene un prestigio intelectual que no merece. Hay que promover una narrativa optimista y empática, que abra un horizonte grande y atractivo, de confianza en un cambio posible y una regeneración creativa de todo el tejido social eclesial.

La gente joven suele interesarse en todo lo que se les propone de forma positiva y estimulante. Pero ese interés no es repentino ni permanente, sino que hay que suscitarlo, hay que ayudarles a descubrir que quizá desean hacer algo que en principio no deseaban, pero luego descubren que se sienten bien haciéndolo y era precisamente lo que estaban buscando. Es importante que descubran la insatisfacción que supone una vida anodina y mostrarles oportunidades diferentes para salir de ella y transformar las cosas.

No debemos considerar incrédula a nuestra sociedad simplemente porque habla poco de Dios. Los cristianos debemos compartir «los gozos y las esperanzas, las tristezas y las angustias de los hombres de nuestro tiempo»[13], y el mensaje de la Iglesia es el «cofre precioso» que debemos abrir para alentar esta historia humana en la que hay una oculta e inmensa sed de Dios.

Toda sociedad se ha percibido a sí misma como en una época de crisis. El riesgo de las crisis es conformarse con sobrevivir, con resistir la tempestad añorando otros tiempos supuestamente mejores, pintando de rosa las complejidades del pasado en oposición a las del presente. Eso puede ser disculpable en las personas más abatidas, que se aferran a modelos de ayer para subsistir en un presente que ya no saben cómo manejar. Pero es preciso superar las nostalgias y afrontar esas crisis como oportunidades para el despliegue histórico de los carismas en un mundo cambiante. Y descubrir cómo podemos inculturar la fe en el futuro que ya se vislumbra. Los creyentes sabemos que la historia no es solo cosa nuestra, sino que está en manos de Dios, que es una historia llena de sorpresas, que es al tiempo un don y una tarea: algo que se nos entrega y que, al tiempo, hemos de construir.

Cada generación está llamada a no eludir el gran desafío de educar. Es la tarea fundamental que debemos cumplir para edificar el futuro. Cada acto educativo es un acto de amor y un acto de esperanza que mira al futuro desde el presente. Es un diálogo que no significa ni condescendencia ni relativismo. Los jóvenes hacen preguntas incisivas que nos cuestionan, y tenemos que dar respuesta, no pensando en salir airosos de un desafío dialéctico, sino

---

[13] Constitución pastoral *Gaudium et Spes*, Concilio Vaticano II, n. 1.

pensando en abrir puertas y abrir horizontes. Sin añorar el pasado con ese romanticismo simplificador de que antes la gente era más honrada, más buena, más generosa, más virtuosa, más pacífica, o que las relaciones eran más auténticas, porque en todas las épocas, también en la nuestra, está el germen de lo mejor y de lo peor, y los educadores no debemos enjuiciarlas de modo superficial o condenatorio.

No es realista una perspectiva que no contenga la expectativa de lo mejor, por incierta o difícil que pueda parecer. Mientras la mirada de un niño y las infinitas posibilidades de hacer el bien sigan iluminándonos, y mientras sigamos teniendo una mirada humilde y de misericordia, todo será posible. Solo se comprende bien la realidad cuando se vislumbra también su mejor futuro, pese a las sombras que lo ocultan o las fuerzas que lo quieren ahogar: ver mejor es también ver lo mejor. Esa mirada es la que ha propiciado los auténticos cambios que han conducido la historia.

El futuro tiene el nombre de la esperanza. Una esperanza que no es un optimismo ingenuo. Es la fuerza de un corazón que sabe mirar el mañana con lucidez.

ESTE LIBRO, PUBLICADO POR
EDICIONES RIALP, S. A.,
MANUEL URIBE, 13-15, 28033 MADRID,
SE TERMINÓ DE IMPRIMIR EN
ANZOS, S. L., FUENLABRADA (MADRID),
EL DÍA 18 DE MARZO DE 2025.